住民投票制度の手引

の手引

条例の制定から運用まで

はじめに

　住民投票とは地方行政上の重要事項に関して、住民が直接投票することにより、その意見を行政に反映させる仕組みのことを指します。現在、日本には憲法第95条に基づく住民投票として「地方自治特別法の制定に関する住民投票」が、地方自治法に基づく住民投票として「議会の解散の投票」および「議会の長の解職の投票」が、そして大都市地域特別区設置法に基づく住民投票として「特別区設置請求に関する住民投票」が、市町村合併特例法に基づく住民投票として「合併協議会設置請求における住民投票」の制度があります。

　これら憲法ないし法律に基づく制度に加え、1990年代半ば以降、地方公共団体がそれぞれ独自の住民投票条例を定め、その条例に基づいた住民投票が行われるようになりました。

　住民投票条例には、住民からの直接請求に応じて個別のテーマごとに条例を定める「個別設置型住民投票条例」と、あらかじめ首長の提案により住民投票条例を制定しておき、有権者の請求があった場合にその条例に基づいて住民投票を実施する「常設型住民投票条例」とがあります。いずれの場合も、地方公共団体が独自に条例を制定することになるため、その対象や内容は各地方公共団体の判断に委ねられている上、公職選挙法の制限を受けないので、投票の形式や投票権についても柔軟に設定することができます。

　条例に基づく住民投票は、当該地方公共団体の行政上の重要事項を対象に行われるものですが、中には原子力発電所設置や在日アメリカ軍基地移転の賛否を問うものなど、当該地方公共団体のみならず全国的にも大きく注目を集めたケースも少なくありません。もっ

1

とも、現在の日本における住民投票は、「個別設置型」・「常設型」ともに、その投票結果に法的拘束力のない「諮問型住民投票」であり、首長や議会が住民投票の結果とは異なる行政判断を行うこともありますが、住民が政治に参加する一つの貴重な「手段」として、広く認識されつつあるのは確かなことでしょう。

その一方で、条例に基づく住民投票については、結果として長や議会が行政上の重要事項についての判断を住民に任せてしまうことになりかねないため、「長と議会による間接民主制の原則に抵触するおそれがある」、「間接民主制の形骸化につながるおそれがある」といった指摘もあり、各地方公共団体が住民投票条例を制定する際には、投票の対象事項や投票の効果などについて、慎重な議論・考察が求められます。

そこで、本書第1章・第2章では現時点における条例に基づく住民投票制度の概要とともに、各地方公共団体において住民投票条例を制定するにあたっての主要な論点を当研究会における視点で整理し、各論点について幅広い観点を紹介することによって、より活発かつ慎重な議論・考察が行われるよう配慮しました。

さらに第3章・第4章では、住民投票においてその実務を担う各地方公共団体の選挙管理委員会の委員・事務局職員および関連部署の職員の皆さんのために住民投票制度の運用例を示しました。住民投票の発議や住民投票運動への対応、住民投票の実施から投票結果の告示に至る各段階で事務担当者に求められる基本的な業務内容を挙げ、併せて留意点についても解説しています。続く第5章で紹介する「条例に基づく住民投票の実施事例」と併せて、皆さんの住民

投票の基礎知識や実務の習得に役立つことを期待いたします。

　住民投票は、公職の選挙のように頻繁に行われるものではないため実務経験を有する地方公共団体はごく一部にとどまっていますが、条例の制定による住民投票の発議はどの地方公共団体でも起こりうるものであり、住民投票が公職の選挙と同じ期日で行われることも珍しくありません。いつ、どのようなタイミングで発議がなされた場合でも、冷静かつ適正に対応できるよう、各地方公共団体では平常時から選挙管理委員会事務局を中心に運用手順の確認やシミュレーションを行い、関連部署との連携体制の整備・確認に取り組む必要があります。

　先にも述べたとおり、条例に基づく住民投票は、住民にとっては貴重な政治参加の手段であり、住民投票制度の適切な運用は健全な地方自治実現の一翼を担うことになります。小書が各地方公共団体の選挙管理委員会事務局や関連部署の皆さんをはじめ住民投票に関心を寄せる皆さんの入門書として活用され、地方自治のさらなる発展につながることを願ってやみません。

　令和2年9月

　　　　　　　　　一般社団法人　選挙制度実務研究会

　　　　　　　　　代表理事　小島　勇人

目　　次

第3章　住民投票制度の運用①
　　　　平常時～住民投票運動への対応

第1章

住民投票制度の概要

1 住民投票制度とは

(1) 住民投票制度の意義

　住民投票とは、住民の福祉に重大な影響を与える可能性がある事項など地方公共団体の行政上の重要事項に関して、住民が直接投票することによって意見を表明し、行政運営に住民の意向を反映させる仕組みです。住民投票は、住民による地方政治への直接参加、直接参政の一手法であり、地方自治の基本である間接民主制を補完・活性化する意義を有しています。

(2) 住民投票制度の種類

　現行の住民投票制度には、大きく分けて次の3つの枠組みがありますが、本書では、主に「③条例に基づく住民投票」の概要とその運用等について扱っています。

① 憲法に基づく住民投票

　・地方自治特別法の制定に関する住民投票（憲法第95条）

　・憲法改正に係る承認としての国民投票（憲法第96条第1項）

　・最高裁判所の裁判官の審査として行う投票（憲法第79条第2項）

② 法律に基づく住民投票

　・議会の解散請求に関する選挙人の投票（地方自治法第76条第3項）

　・議員及び長の解職の請求に関する選挙人の投票（地方自治法第80条第3項、第81条第2項）

　・合併協議会設置請求に関する住民投票（市町村の合併の特例に関する法律（合併特例法）第4条第14項、第5条第21項）

・特別区設置請求に関する住民投票（大都市地域における特別区の設置に関する法律第7条）

③ 条例に基づく住民投票

・地方公共団体が定める条例に基づいて行われる住民投票

＜参考＞　大都市法に基づく住民投票

　平成24年8月に制定された大都市地域における特別区の設置に関する法律（平成24年法律第80号）（大都市法）は、道府県が大都市地域（政令指定都市と隣接自治体の人口が200万人以上の地域）に特別区を設置する際の諸手続きについて定めた法律で、市町村を廃止して特別区を設置する場合、関係市町村では本法に基づく住民投票を実施しなければならないことになっています。

　平成27年5月に大阪市で行われた「大阪市における特別区の設置についての投票」は、大阪市を廃止して5つの特別区を設置する、いわゆる「大阪都構想」の実現の是非を問う住民投票で、本法に基づく全国初の住民投票として注目を集めましたが、開票の結果、反対票が賛成票を上回ったため、特別区の設置は否決されました。

（3）住民投票の法的拘束力

　住民投票は、その結果の法的拘束力の有無によって、次の2つに大別できます。

① 拘束型住民投票

　投票結果が、住民投票を実施した地方公共団体の長または議会に対して法的な拘束力を有する住民投票制度

② 諮問型住民投票

投票結果が、住民投票を実施した地方公共団体の長または議会に対して法的な拘束力を有しない住民投票制度

住民投票条例に基づく住民投票の結果に法的拘束力を持たせることは、地方自治法に規定された地方公共団体の長や議会の権限を制限することになるため、「拘束型」の住民投票は、法律に基づかなければ行うことができないと考えられています。

例えば、議会の解散請求、議員や長の解職請求、合併特例法に規定された合併協議会設置請求に関する住民投票は、地方自治法に基づいて行われる住民投票であるため、法的拘束力を有する拘束型の住民投票です。一方、条例に基づいて行われる住民投票はその結果に拘束力はなく、住民の意向を尋ねることを目的とした「諮問型」とされています。よって、条例に基づいて行われる住民投票において、地方公共団体の長や議会は、投票結果とは異なる意思決定を行うこともあり得ることとなります。

2　条例に基づく住民投票の区分

(1) 個別設置型と常設型

条例に基づく住民投票には、個別設置型条例に基づく住民投票（以下、「個別設置型住民投票」）と常設型条例に基づく住民投票（以下、「常設型住民投票」）の2つがあります。

① 個別設置型住民投票

住民からの直接請求等によって個別のテーマごとに「住民投票条例」を制定し、その条例に基づいて実施する住民投票です。

② 常設型住民投票

各地方公共団体が常設している住民投票条例に基づいて実施する住民投票です。あらかじめ議会の議決を得て、住民投票の対象事案や投票資格者、住民投票の実施に必要な発議要件や投開票の手続きなどを定めた条例を制定しておき、その条例に基づいてその時々のテーマに応じて住民投票を実施するものです。

（2）条例に基づく住民投票の流れ

① 個別設置型住民投票実施までの流れ

地方自治法第74条の規定に基づき、当該地方公共団体の有権者（選挙人名簿に登録された者）はその50分の1以上の署名をもって条例の制定（または改正、廃止）を請求することができます。当該請求が有効な場合は、長は住民から提出された条例案に意見を付し、議会に付議することとされています。住民がこの制度を利用して住民投票条例の制定を請求し、議会が住民投票条例の制定議案を可決し、条例が制定された場合、住民投票が実施されることになります。

また、議会議員と長による議案の提出についても、それぞれ地方自治法（第112条、第149条）に規定されており、三者の住民投票実施までの流れの例は次頁のようになります。

＜個別設置型住民投票実施までの流れの例＞

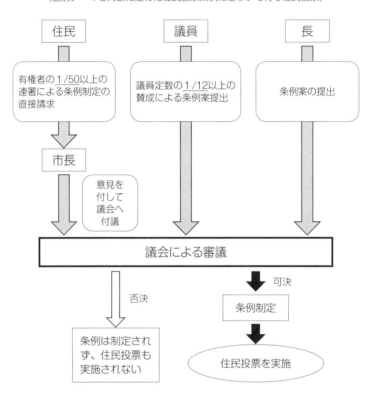

個別設置型

(個別テーマを対象に定めた住民投票条例に基づいて行う住民投票)

住民
有権者の1/50以上の連署による条例制定の直接請求

議員
議員定数の1/12以上の賛成による条例案提出

長
条例案の提出

市長
意見を付して議会へ付議

議会による審議

否決
条例は制定されず、住民投票も実施されない

可決
条例制定
住民投票を実施

② 常設型住民投票実施までの流れ

　あらかじめ住民投票に必要な要件や手続きなどを条例で定めておき、要件を満たした場合は、次の図のような流れで住民投票が実施されます。なお、条例は各地方公共団体が独自に定めるため、住民の請求要件や議員の発議要件、投票資格の要件は、各地方公共団体によって異なります。

＜常設型住民投票実施までの流れの例＞

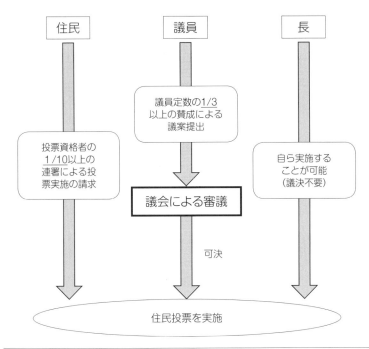

常設型

（各地方公共団体があらかじめ定めている住民投票条例等に基づいて行う住民投票）

住民	議員	長

議員定数の1/3
以上の賛成による
議案提出

投票資格者の
1/10以上の
連署による投
票実施の請求

自ら実施する
ことが可能
（議決不要）

議会による審議

可決

住民投票を実施

※住民の請求要件や議員の発議要件、投票資格の要件は、各地方公共団体によって異なります

　個別設置型住民投票の場合は、まず条例を制定することから始めることとなり、有権者が発議するためには地方自治法の規定に基づいて有権者の50分の１以上の署名を集めて長に提出し、条例制定の直接請求をしなければなりません。しかも、有権者による直接請求は議会で否決されてしまうケースが多く、住民投票実施にまで至る可能性は決して高くないのが実情です。一方、常設型住民投票の場

合は、あらかじめ住民投票の対象事項や発議要件等を定めた条例が制定されているので、住民投票を実施するまでにかかる時間が短くて済む上、その条例が定める要件さえ満たせば、住民から一定の要件を満たす請求をすれば長や議会の判断を経ることなく、必ず住民投票を実施することができます。

　次章では、どちらの型の住民投票を採用するのかも含め、住民投票条例の制定にあたって慎重に議論すべき論点について解説します。

第２章

住民投票条例制定にあたっての論点

住民投票条例は、各地方公共団体が独自に制定するものであり、具体的な規定や罰則、運用指針等の内容についても各地方公共団体の判断に委ねられます。条例制定にあたっては、主に次の各論点を踏まえ各地方公共団体において慎重な議論を重ねることが求められます。

1　個別設置型条例か常設型条例か

(1) 個別設置型条例と常設型条例の分類

　第1章でも述べたとおり、個別設置型条例は住民の意思を確認する必要が生じた場合に、議員もしくは長の提案、または住民の直接請求により、その都度、議会の議決を経て制定される条例です。一方、常設型条例は、住民投票の対象にできる事項や発議の方法をあらかじめ規定しておく条例を指します。前者の場合、住民投票の提案や発議がある度に、新たに住民投票制度をつくる必要があるため、住民投票の対象となる課題についての議論だけでなく、制度設計についても議論しなければなりません。その点、常設型の場合は、条例が制定され制度はすでに整備されているため、対象とすべき課題そのものについてのみ議論すればよいということになります。

(2) メリットとデメリット

① 制度としての安定性

＜個別設置型条例＞

　個別設置型条例の場合、課題ごとに新たな条例を制定することか

ら始めるので、対象となる課題に対して投票の結果を誘導しやすいように条例内容が規定されてしまうおそれがあります。

＜常設型条例＞

　常設型条例の場合は、どのような課題に関しても、事前に制定されている条例の規定に従って実施することを前提としているので、個別設置型に比べると制度的には安定しているといえます。

② 制度についての合意
＜個別設置型条例＞

　個別設置型条例の場合、課題ごとに個別の住民投票制度をつくる必要があります。したがって、ある課題を住民投票にかけることについては多数の合意ができたとしても、制度についての合意がなければ、住民投票は実施できないことになります。

＜常設型条例＞

　常設型条例は、あらかじめ住民投票制度を用意しておくために制定されますので、その都度、住民投票制度そのものについての合意を問う必要がなく、課題が明確であれば比較的迅速に住民投票を実施することができます。

③ 実施の確実性
＜個別設置型条例＞

　個別設置型条例では、住民が住民投票の発議を行おうとする場合、地方自治法の規定に基づいて有権者の50分の1以上の署名を集めて条例案を長に提出し、条例制定に係る直接請求を行わなければな

りません。そして、直接請求が成立しても住民投票を行うか否かの判断は、条例案に長の意見を添えて議会に提出し、議会の判断に委ねられることになります。しかし、実際には直接請求の多くは議会で否決されてしまうため、住民投票の実施には至らないケースがほとんどです。なお、個別設置型条例の制定を求める直接請求に参加できる住民は、地方自治法の規定により選挙権を有する者すなわち「選挙人名簿に登録されている者」に限られているため、満18歳未満の者や外国人の参加はできません（条例により住民投票は可）。

＜常設型条例＞

常設型条例に基づいて住民投票を発議する場合、個別設置型条例に基づく発議に比べて多数の有権者の署名を集めるよう定められているケースが多いものの、議会や長の強い関与は規定されていないケースが多いため、住民投票が実現しやすいというメリットがあります。

また、常設型条例においては、発議について地方自治法による制限を受けないので、地方公共団体の判断次第で、住民投票の請求の発議に選挙権を有しない者（外国人や満18歳未満の者）を参加させる制度とすることも可能です。

④ 長の裁量に対する争訟等

＜個別設置型条例＞

個別設置型条例は、住民投票の対象を明確にした上で制定されるため、常設型条例と比べ長の裁量についての争訟が提起される可能性が低いと言えなくもありません。

＜常設型条例＞

　常設型条例は、対象を具体的に想定していないため、「市が行う事務のうち、市民に直接賛否を問う必要があると認められる事案であって、市および市民全体に直接の利害関係を有するもの」というように抽象的な規定とせざるを得ません。これは、後述するネガティブリストによる規定の方法（住民投票の対象としない事項を規定する方法）においても同様で、どのような課題がこの規定に該当するのか（またはしないのか）について、複数の意見が出て対象課題が絞りきれなくなるケースが想定できます。

　現実的には住民投票の執行者（多くの場合は、地方公共団体の長）の裁量に委ねられることになりますが、それはすなわち、その裁量に対しての争訟の提起（住民投票の対象とすべきでない事項を対象と認め住民投票を実施した理由で、住民投票の費用の返還を求める訴訟など）や、長の責任を追及する住民運動などが起こるおそれがないとは言えないということでもあります。

⑤ 合意形成の観点

＜個別設置型条例＞

　住民の発議には、地方自治法で定められた有権者の署名を伴う直接請求が必要であり、住民投票を実施するか否かの判断は長の意見を添えて議会に委ねられるため、住民、議会、長、それぞれ単独の意思のみでは、住民投票を行うことができません。

＜常設型条例＞

　主体となる住民、議会、長、それぞれの意思のみで住民投票を行

うことができるため、本来必要とされる各主体者間の十分な話し合いによる合意形成の過程が軽んじられる可能性が否定できません。ただし、この問題は、十分な議論を経て住民投票が行われるための仕組みや、お互いを監視・牽制し合う体制の整備などによって解決し得ると考えられます。

2　拘束型住民投票と諮問型住民投票

　前章で述べたとおり、住民投票にはその結果に法的な拘束力がある拘束型と、法的な拘束力を持たない諮問型の2つがあります。この点について、主に次のような見解が示されています。

① 条例に基づく制度でも、拘束型・諮問型とも可能とする見解
② 拘束型は法律に基づく住民投票でなければ認められないとする見解
③ どちらも条例に基づく制度としては疑問があるとする見解
④ 政策的意思決定において拘束型は可能だが、住民投票という法律
　 レベルの裏付けがあっても法的意思決定（行政処分）においては、
　 不可能とする見解

　上記のうち、現在のところ通説とされているのは、②であり、これまで日本で実施された条例に基づく住民投票のすべてが諮問型住民投票です。また、これまで常設型条例を整備している地方公共団体のすべてが諮問型の住民投票とされています。もちろん、理論上では拘束型住民投票の制定が絶対に不可能というわけではありませ

んが、現実的には通説に従って、諮問型の制度設計を行うことが妥当でしょう。

3　諮問型住民投票制度における「尊重義務」

　先にも述べたとおり、諮問型住民投票では住民投票の結果に法的拘束力はありませんが、住民投票の結果が全く行政の運営や意思決定に反映されないわけではなく、地方公共団体の多くは、条例の中に住民投票の結果に対する尊重義務の規定を設けています。尊重義務とは、単に投票結果を参考とすることにとどまらず、住民投票の結果を慎重に検討し、十分な考慮を払いながら、議会と長が意思決定を行うことです。

　したがって、議会と長は、それぞれの意思決定について、住民に対する十分かつ明確な説明責任を果たす必要があるということになります。具体的には、住民投票の結果に反する決定をしたときに、その理由を有権者に説明する責任が生ずることなどが考えられます。

4　住民投票の対象事項

　住民投票の対象事項は、一般的には「**地方公共団体の行政運営上の重要事項**」とされています。しかし、「行政運営上の重要事項」は、各地方公共団体が置かれている状況を踏まえて個々に判断すべきものである上、個々の人や立場によって「重要事項」についての認識

が異なることから、「重要事項」を一律かつ確定的に規定することは困難であり、条文上は抽象的な表現とならざるを得ません。なお、すでに住民投票条例を定めている地方公共団体においては、住民投票の対象事項の定め方として、主に（1）ポジティブリストを採用する方法、（2）ネガティブリストを採用する方法、（3）どちらも採用しない方法のいずれかが取られています。

　なお、当然のことながら、国として判断を下すべき事項や住民投票を実施する地方公共団体に直接影響を及ぼさない他の地方公共団体に関する事項は、対象事項から除外すべきです。

（1）ポジティブリストを採用する方法

　住民投票の対象事項（ポジティブリスト）を具体的に列挙しておく方法です。対象事項が明確でわかりやすいというメリットがあり、列挙された事項は必ず住民投票にかけねばならないという仕組みづくりにも適しています。一方、列挙された事項以外は住民投票の対象にできないというデメリットもあります。

　ポジティブリストを採用している地方公共団体では、①当該団体の存立の基本的条件に関する事項、②当該団体の実施する特定の重要施策に関する事項、③現在または将来の団体および団体の住民全体に大きな影響を与える政策上の具体的事項、の3つを主な対象事項として掲げる例が多くみられます。

（2）ネガティブリストを採用する方法

　住民投票の対象としない事項（ネガティブリスト）を具体的に列挙する方法です。ネガティブリストに列挙する事項としては、主に

次の①〜⑦があります。

① 当該地方公共団体の権限に属さない事項

　当該地方公共団体自らが実施主体となり得ない事項であることを理由に、対象事項から除いたものを指します。

＜例＞

　　・防衛や外交、司法など国の権限で行うもの

　　・工場の建設など私企業の経営事項

　　・国道の整備を決定すること

　　・国の出先機関の存続を決定すること

　なお、地方公共団体の権限に属さない事項であっても、当該団体の意思を表明する必要がある事項については、住民投票の対象としているケースもあります。

② 法律の規定に基づき住民投票ができる事項

　合併協議会設置請求や特別区設置請求など法律で住民投票の実施が規定されている事項（P.10参照）は、当該法律に基づく手続きにより住民投票ができるため、条例による住民投票の対象外とされるものと考えられます。

③ 専ら特定の住民または地域のみに関する事項

　住民投票制度は、当該地方公共団体全体の住民の意思の把握を行い、その結果を行政に反映させることを目的とした制度です。したがって、専ら特定の住民または地域に関する事項については、全体と一部地域とで投票結果が異なることも予想され、住民投票制度の対象事項にはなじまないものと考えられるため、対象外とされる場合もあります。

＜例＞
　　・○○地区でのごみ焼却場の設置の是非
　　・○○小学校の建て替えの是非

④ **特定の個人または団体の権利等を不当に侵害するおそれのある事項**

　特定の個人や団体に対する公的援助の停止や公共施設の利用制限について住民投票を実施することは、投票者間の利害関係の違いから公平な投票結果が得られないおそれがあるため、対象外とされる場合があります。

⑤ **地方公共団体の内部の事務処理（組織、人事または財務の事務）に関する事項**

　職員の任免や指揮監督等の人事に関する事項や地方公共団体の組織編成、予算の調製権といった内部事務処理に関する事項は、「決定した政策をいかに効率的かつ効果的に、確実に執行するか」という長の執行権の前提になるものです。それらが政策判断の要素を含まない純然たる内部管理の事項である場合は、政策決定に住民の意思を反映させるために行われる住民投票の対象事項にはなじまないことから、対象外とされる場合があります。

⑥ **金銭の増減（徴収）に関する事項**

　地方自治法に規定されている条例の制定または改廃に係る直接請求の対象から、地方税の賦課徴収並びに分担金、使用料および手数料の徴収に関するものが除かれていることと同様の趣旨により、つまり住民の経済的負担が軽くなることをもってのみ賛成が得られやすく、その結果が当該団体の財政に与える影響について十分検討さ

れないままに安易に直接請求が成立してしまうおそれがあるため、対象から除外される場合があります。

＜例＞

・住民税の税率の引き下げの是非

・公共施設の使用料の引き下げの是非

⑦ その他住民投票に付することが適当でないと明らかに認められる事項

　①〜⑥に掲げた事項以外に、現時点では想定されない事由により除外することが適当とされる事項が出てくる可能性があることから、本事項が設けられる場合があります。

5　住民投票の投票資格者

（1）住所要件

　住民投票条例を制定している地方公共団体のほぼすべてが、「当該地方公共団体の区域内に住所を有する者」という住所要件を定めています。この住所要件を満たすかどうかの判断にあたっては、「住民基本台帳」への登載の有無が基準とされます。

　また、期間についても例えば「引き続き３か月以上その地方公共団体の区域内に住所を有する者」という要件を設けているケースが多くみられます。これは、地方自治法第18条および公職選挙法第９条第２項において、地方公共団体の議会の議員および長の選挙権に３か月以上の住所要件を設けている趣旨と同様の考え方、つまり、

「その団体の住民として選挙に参与するためには、少なくとも一定期間をそこに住み、地縁的関係も深く、かつある程度団体内の事情にも通じていることが必要である」という考えに基づくものです。また、単に投票期日に住所を有するか否かを基準とすると、住民投票を目的とした転入を助長するおそれがあるため、これを防ぐためにも住所要件に一定の居住期間が盛り込まれていると考えられます。

（2）年齢要件

　住民投票において投票することができる年齢についても、地方公共団体ごとの判断基準に従って要件が設けられていますが、公職選挙法に準じて「満18歳以上」としているケースが多く見受けられます。また、一部には義務教育を修了して社会人として働くことができる年齢であることを理由に、「満16歳以上」または「満15歳に達する日以降の最初の3月31日を経過したもの」と定めているケースもあります。

（3）外国人の投票権

　外国人に住民投票の投票権を認めるか否かの判断も各地方公共団体ごとに異なります。同じ地域で生活する者として外国人にも自治に積極的に参加してもらいたいという趣旨から、外国人にも住民投票での投票権を認めている地方公共団体がある一方、選挙権を有する者と一致させるため、公職選挙法に準じて、外国人に投票権を認めていない地方公共団体もあります。

（4）投票することができない者

　住民投票制度は、間接民主制を補完する制度であることから、多

くの地方公共団体では選挙制度との整合性を図るため、公職選挙法の規定を準用し、同法で選挙権を認められていない者については、住民投票の投票権を認めないこととしています。なお、投票権を認めない消極的要件に「政治資金規正法」や、「地方公共団体の議会の議員及び長の選挙に係る電磁的記録式投票機を用いて行う投票方法等の特例に関する法律」の選挙権および被選挙権の欠格事由について定める規定を準用している例も見受けられます。

6 住民投票の請求または発議

(1) 住民による請求の要件

　個別設置型条例は、住民から発議する場合、地方自治法に基づく直接請求（条例の制定改廃請求）により、「選挙権を有する者の50分の1以上の連署」に基づいて、議会の議決を得て制定されることになっています。

　一方、常設型条例ではあらかじめ発議に必要な署名数を規定しておくことになりますが、あまりに少ない署名数で住民投票が行えるように規定してしまうと、住民にその課題についての議論や認識の深まりがないままに住民投票が行われてしまうおそれがあることも考慮する必要があります。

　なお、法律における住民発議に必要な署名数は、発議後における仕組みがどのように整備されているのかによって要件の高低が異なります。例えば、条例の制定改廃請求は、請求の後に議会の議決を経なければ制定改廃はできず、いわば議会という歯止めがあること

を見越しているために、有権者の50分の1以上という比較的低い要件が課されています（地方自治法第74条第1項）。一方、議会の解散と長の解職は、請求が直接に拘束型の住民投票に結びつくため、原則として3分の1（有権者の総数が40万を超え80万以下の場合にあっては、その40万を超える数に6分の1を乗じて得た数と40万に3分の1を乗じて得た数を合算して得た数、その総数が80万を超える場合にあっては、その80万を超える数に8分の1を乗じて得た数と40万に6分の1を乗じて得た数と40万に3分の1を乗じて得た数とを合算して得た数）という高い要件が設定されています（地方自治法第80条、第81条）。

　住民投票の発議要件については、どの程度が適当かという合理的基準はありませんが、法律に基づく住民発議よりも高い要件を設けることは法律との均衡を失するといえるでしょう。

　すでに常設型条例を定めている地方公共団体では、以上のような事情を鑑み、主に次のような要件を設けているケースがあります。

①「**有権者の3分の1以上**」としているケース

　地方自治法における議会の解散請求や議会の議員・長の解職請求に準じて「有権者の3分の1以上」と設定しています。これは、その署名数が集まれば住民投票が実施されるということや、住民投票は行政の運営等に係る重要課題を対象として実施されることなどを考慮したものです。

②「**有権者の4分の1以上**」としているケース

　住民投票制度が濫用されないようにするため、地方自治法における議会の解散や議会の議員・長の解職請求の署名数要件を踏まえ、

これらに次ぐ厳格性を確保すべきとの考え方に基づくものです。

③「有権者の5分の1以上」としているケース

　地方自治法における議会の解散請求や議会の議員・長の解職請求より署名数要件を緩和しつつも、実際の対象人数からみて制度の濫用にはつながらないとの考え方に基づいて定められたものです。

④「有権者の6分の1以上」としているケース

　重要課題の判断を求める住民投票実施請求を規定した法律に、「市町村の合併の特例に関する法律」があります。同法における合併協議会の設置協議を求める投票の請求に必要な署名数が「有権者の6分の1以上」（同法第5条第15項）であることから、これにならって住民投票においても要件を準用する形で定められたものです。

⑤「有権者の8分の1以上」または「有権者の10分の1以上」としているケース

　他の地方公共団体の事例や当該地方公共団体における過去の直接請求等の署名の実績などを参考に、実際に署名収集が可能な数や発議の乱発防止などを具体的に検討した結果に基づくものです。

⑥「有権者の50分の1以上の署名と議会の議決」としているケース

　以上の①〜⑤までは、一定数以上の署名が集まれば、議会や長の判断とは関係なく、住民投票が実施されることを定めています。一方、「有権者の50分の1以上の署名による住民投票の実施を請求して議会に付議する」という、地方自治法第74条における条例の制定または改廃の直接請求に準ずるような手続きを定めている例（稚内市など）もあります。これは、常設型住民投票条例が制定されたとしても、有権者の50分の1以上の署名があれば、別途住民投票条例

の制定を直接請求できるように考慮したものです。

◇COLUMN◇　高浜市の事例
　愛知県高浜市では、条例の制定または改廃については、直接請求が議会で否決等がなされた場合にのみ、住民投票の投票資格者名簿に登録された者の総数のうち3分の1以上の署名をもって住民投票の発議ができる旨を住民投票条例で規定しています。この規定は、いったん議会で確定した団体の意思を不安定なものにしてしまう懸念もありますが、議会の意思決定に対する住民の意思を表示して、議会での再検討を促しうる仕組みを制度化している点が非常に興味深く、他の地方公共団体でもこの仕組みを検討する意義は大きいでしょう。

＜参考＞　高浜市住民投票条例（平成14年高浜市条例第33号）
（条例の制定又は改廃に係る市民請求の特例）
第4条　条例の制定又は改廃に係る市民請求は、地方自治法第74条第1項の規定による条例の制定又は改廃の請求を行った場合において、同条第3項の結果に不服があるときについてのみ行うことができる。

（2）議会による発議要件

　議会による住民投票の発議要件についても、各地方公共団体が独自に判断し、条例で定めることになっており、主に以下のようなケースがみられます。

① 定数の12分の1以上の賛成 → 出席議員の過半数議決

　地方自治法第112条における議会の議員による議案の提案および議会の議決の規定に準じて定められたケース

② 定数の3分の1以上（4分の1以上・6分の1以上）の賛成 → 出席議員の過半数議決

　住民投票実施の重要性を鑑みて、住民による投票実施の請求の

ハードルなどを考慮し、議員による議会への提案要件を厳しく設定
しているケース

③ 出席議員の3分の2以上の特別多数議決

　議員による議会への提案要件を厳しく設定するほか、地方自治法
第4条第3項における特別多数議決（議員定数の半数以上の出席＋
出席議員の3分の2以上の同意）に準じた取り扱いをしているケース

④ 定めていない

　議会の議員は、地方自治法上、条例案を提案する権限が付与され
ており、議会は当該議員の発議に基づき、出席議員の過半数の賛成
で住民投票条例を制定することができることから、議会による請求
権をあえて定めていないケース

（3）長による実施

　多くの地方公共団体で、行政運営に係る重要事項について広く住
民の意思を確認するため、条例により長が自らの判断に基づいて住
民投票を実施できるよう定めています。一方、長が住民投票の実施
を判断したときには、議会や住民参加制度審査会による一定の関与
（議決や同意など）を経なければならないとしている地方公共団体
もあります。

議会の議員や長の選挙における選挙運動に関しては、選挙の公正を確保するために、公職選挙法によって選挙運動の期間や方法、実施主体について様々な制限が設けられています。一方、住民投票の投票運動については、原則として公職選挙法による制限は受けませんが、各地方公共団体の条例で一定の制限が設けられているケースがほとんどです。

（1）住民投票運動に関する規制

投票運動は投票資格者に対する情報提供であるという観点からみれば、最も効果的な情報提供の手段であり、投票運動に伴う買収や供応、脅迫などの悪質な行為は当然禁止されるべきではあるものの、それ以外の行為については基本的に制限を設けないことが望ましいと考えられています。多くの地方公共団体では、住民間での議論が自由闊達に行われることを保障するため、原則として投票運動は自由とした上で、買収や脅迫その他の投票者の自由な意思が拘束されたり干渉されたりする行為、住民の平穏な生活環境が侵害されるおそれのある行為などについて規制を設けています。

（2）罰則

平成12年に徳島市で実施された吉野川の可動堰建設の是非を問う住民投票（個別設置型条例に基づく住民投票）では、条例で戸別訪問を禁止する規定が設けられ、その違反に対する罰則規定も盛り込まれました。また、その後の千葉県野田市では常設型住民投票条

例に住民投票に係る署名活動や住民投票運動について禁止事項を定め、これに違反した場合の罰則規定を設けています。このほか、常設型条例で買収や脅迫などの違反者を広報紙や掲示板で公表する旨を規定している例もありますが、全体的にみると今のところ、個別設置型・常設型を問わず、住民投票運動に関する禁止規定や罰則規定を設けているケースは多くはみられません。罰則を設けない理由としては、法的拘束力のない諮問型住民投票において、あえて罰則規定は不要であること、罰則規定があると投票運動の自由度が低くなって自由闊達な議論の妨げとなることなどが考えられます。

＜参考＞ 野田市住民投票条例（平成23年野田市条例第18号）

（賛成反対運動等の罰則）
第28条　賛成反対運動及び投票に関し、次の各号に掲げる行為をした者は、10万円以下の罰金に処する。
(1)　賛成又は反対のいずれかの投票をさせ、又はさせない目的をもって投票資格者又は賛成反対運動者に対し、金銭、物品その他の財産上の利益若しくは公私の職務の供与、その供与の申込み若しくは約束をし、又は供応接待、その申込み若しくは約束をしたとき。
(2)　賛成又は反対のいずれかの投票をさせ、又はさせない目的をもって投票資格者又は賛成反対運動者に対し、その者又はその者と関係のある社寺、学校、会社、組合、市町村等に対する用水、債権、寄附その他特殊の直接利害関係を利用して誘導をしたとき。
(3)　投票をし、若しくはしないこと、賛成反対運動をし、若しくはやめたこと又はその周旋勧誘をしたことの報酬とする目的をもって投票資格者又は賛成反対運動者に対し、第1号に掲げる行為をしたとき。
(4)　第1号若しくは前号の供与、供応接待を受け、若しくは要求し、第1号若しくは前号の申込みを承諾し、又は第2号の誘導に応じ、若しくはこれを促したとき。

（5）第1号から第3号までに掲げる行為をさせる目的をもって賛成反対
　　運動者に対し、金銭若しくは物品の交付、交付の申込み若しくは約束
　　をし、又は賛成反対運動者がその交付を受け、その交付を要求し、若
　　しくはその申込みを承諾したとき。
（6）前各号に掲げる行為に関し、周旋又は勧誘をしたとき。

（3）公職の選挙と同日実施とした場合の運用

　例えば「戸別訪問」は、公職選挙法に基づいて行われる選挙では
禁止されています。しかし、住民投票においては、住民間での自由
闊達な議論が必要であるという理由から、ほとんどの地方公共団体
ではこれを禁止していません。このように公職の選挙と住民投票と
では、同じ行為についても規制の有無が異なるので、選挙と住民投
票を同日に実施する場合は、その行為が選挙運動にあたるのか、住
民投票運動にあたるのかを慎重に判別する必要があります。また、
住民投票の案件についての賛否が、選挙にも影響を及ぼしてしまう
おそれもあります。このため、原則として住民投票を選挙との同日
実施としている川崎市などの住民投票条例では「公職選挙法その他
の選挙関連の法令の規制に反する行為」を禁止しています。また、
同日実施のデメリットを勘案し、選挙と同日に実施しないように住
民投票の投票日を変更できるよう規定しているケースもあります。

8　住民への情報提供の方法

　住民への情報提供は、住民投票を実施するにあたっての大前提で

あり、常設型条例か個別設置型条例かにかかわらず、どのような情報をどのような方法で、地方公共団体から住民に提供するかは大きな論点となりえます。常設型条例の多くが、何らかの形で地方公共団体による情報提供手段を規定しており、これまでに実施された個別設置型の住民投票においても、様々な情報提供を行っています。さらに沖縄県で実施された県民投票では、臨時に設置された県民投票推進室の広報班が、中立公正に留意しながら広報活動を行ったという実績があります。

＜参考＞ 常設型住民投票条例における住民への情報提供

地方公共団体名	提供主体	期　間	提供内容・方法
愛知県高浜市	選挙管理委員会	告示日〜2日前	・住民投票に係る請求または発議の内容の趣旨および告示の内容その他住民投票に関し必要な情報を公報その他適当な方法により、投票資格者に提供するものとする。
広島県広島市	市　長	規定なし	・当該住民投票に関する情報を、市民に対して提供するものとする。 ・（施行規則）広島市の広報紙その他の適切な手段により行わなければならない。
群馬県桐生市	市　長	規定なし	・当該住民投票に関する情報を、市民に対して提供するものとする。 ・（施行規則）投票資格者が事項の賛否を判断するのに必要な情報を、広報その他適当な方法により、投票資格者に提供するものとする。

<参考> 住民投票実施時における住民説明会等の開催事例（町名は当時のもの）

地方公共団体名	住民説明会等の開催事例
新潟県巻町 （議会発案）	①町が中立の立場で行うシンポジウムの開催（各派が推薦する2名の講師によりそれぞれ賛成反対の立場からの講演会、各派の住民代表の意見陳述、講師との質疑応答） ②シンポジウムをまとめた小冊子を全戸配布
岐阜県御嵩町 （直接請求）	①町主催の住民説明会（町が作成した資料をもとに計画概要の説明、建設に伴うメリット・デメリットの説明、質疑応答、県や事業者は出席しなかった。） ②自治会などが主催する住民説明会（町長、職員が出向き、情報提供に努めた。県職員も要請に応じて出席し、調整試案を説明）
宮崎県小林市 （直接請求）	①市主催の学習会（1名の講師の講演会。産業廃棄物問題を一般的な形で説明するにとどめた。）および意見発表会（6名の講師のパネルディスカッション） ②講師の選定は議会との協議により決定

9 投票の期日

（1）投票実施までの期間

　住民投票の実施が決定してから投票までの期間が長すぎると、住民の関心が薄れてしまう可能性があります。ただし、住民が十分に議論・考慮した上で判断し、投票できるようにするためには、一定の日数を確保する必要があります。

　また、投開票所の開設準備や投票資格者名簿の調製、投開票事務従事者の確保、住民投票の啓発、投票用紙等の印刷、投開票機材等

の準備にも一定の日数を要するほか、選挙の執行や議会の開催、行事等との調整も欠かせません。以上を考慮し、多くの地方公共団体では住民投票の投票期日を、住民投票の実施が決定された日から30日を経過して最長90日を超えない範囲内に定めています。「90日を超えない範囲」としているのは、投票資格者の要件に「引き続き3か月以上住所を有する」と定めていることと整合性を図り、一時的に投票資格者になることのみを目的とする当該地方公共団体への転入を防ぐためです。なお、地方自治法第261条（特別法の住民投票）に規定された特別法の制定に係る住民投票の期日を定める期間に準じて、住民投票の実施が決定された日から31日以後60日以内に投票期日を設ける旨定めているケースもあります（下記参照）。

＜参考＞　公職の選挙における選挙期日に関する規定

- ・衆議院議員、参議院議員、地方公共団体の議会の議員・長の任期満了に伴う選挙：任期が終わる前30日以内
- ・衆議院、地方公共団体の議会の解散による選挙：解散の日から40日以内
- ・地方公共団体の議会の議員・長の選挙：選挙事由の発生後50日以内
- ・地方自治法第261条に規定された特別法の制定に係る住民投票：一の普通地方公共団体のみに適用される特別法が国会又は参議院の緊急集会において議決され、関係地方公共団体の長に通知された日から31日以降60日以内

（2）公職の選挙との同日実施

　住民投票の期日と公職の選挙の期日が同日となった場合の対応

は、各地方公共団体が住民投票条例で定めるところによります。

　現在のところ、住民投票条例を設けている地方公共団体の多くが、住民投票の投票日に公職の選挙が行われることとなった場合には、住民投票の投票日を変更できる旨、あるいは選挙と異なる日に住民投票の投票日を設定しなければならない旨を定めています。これには、主に次のような理由が考えられます。

・公職選挙法の規定により選挙の投票所には選挙人以外の者は入ることができない（選挙人が同伴する18歳未満の子どもおよび選挙人を介護する者その他選挙人とともに投票所に入ることについてやむを得ない事情がある者として投票管理者が認めた者を除く）ので、住民投票の投票資格者に外国人を含めている地方公共団体では、選挙とは別に住民投票用の投票所を設ける必要があること
・例えば、公職の選挙では戸別訪問が禁じられているが、住民投票運動では原則自由に行うことができる場合が多いことなど、選挙運動と住民投票運動との区別が難しいことによる混乱などが生じる可能性があり、選挙違反の取り締まりが困難になること

　その一方で、主に投票実施に要する経費削減と、住民の行政への関心や参加を促進する効果への期待から、公職選挙の期日と同じ日に住民投票を実施することを原則としている地方公共団体もあります。また、住民投票の対象事案に緊急性などの特段の理由があると認められる場合は、同日となる選挙の期日と別の日を投票期日に定めることができることとしている地方公共団体もあります。

10 設問および選択肢の形式

　住民投票の対象事案に関する設問については、投票者が同一の判断材料で投票が行えるように、内容を容易に理解でき、かつ、一方に意見を誘導するようなものではないようにしなければなりません。また、設問と選択肢は密接な関係にあるため、併せて検討される必要があります。

　設問の設定について参考になるのが平成8年9月に沖縄県で実施された個別設置型条例に基づく住民投票の事例です。この事例では、1つの設問で「日米地位協定の見直し」と「基地の整理縮小」という2つの事項についての賛否を求めており、「どちらか一方には賛成で一方には反対」という人の意見を汲み取れない、矛盾が生じるとの指摘がなされました。

　選択肢の設定については、二者択一で賛否を問う形式であれば、その設定者による恣意的操作の可能性はかなり低くなるため、住民投票条例の多くが、二者択一で賛否を問う形式を採用しています。しかし、住民投票によっては、選択肢が3つ以上になること、つまり「賛成」「反対」以外の選択肢を設けることもあります。一部では世論調査のように「どちらともいえない」「合併するのはやむを得ない」といった曖昧な選択肢を設定している住民投票の例もあります。設問や選択肢の設定によって、投票結果に大きな差が生じることも十分に考えられるため、各地方公共団体には、なるべく恣意性を排除した、公平かつ公正な設問と選択肢の設定の仕組みを確立することが求められます。

<事例> 二者択一以外の形式で実施された住民投票の選択肢と投票結果

地方公共団体名	住民投票の案件	選択肢	投票結果
沖縄県名護市 （平成9年12月 21日実施）	米軍の代替ヘリ ポート建設の是非	① 賛成	2,564票
		② 環境対策や経済 効果が期待でき るので賛成	11,705票
		③ 反対	16,254票
		④ 環境対策や経済 効果が期待でき ないので反対	385票
沖縄県 （平成31年2月 24日実施）※	国が名護市辺野 古に計画している 米軍基地建設の ための埋立てに 対する賛否	① 賛成	114,933票
		② 反対	434,273票
		③ どちらでもない	52,682票

※竹富町は2月23日実施

　なお、住民投票の対象事項がどのような内容となるかを想定しきれないことや、過去に多者択一による形式で行われた住民投票条例の事例もあることなどから、3つ以上の選択肢から1つの選択肢を選ぶ形式を採用することができる余地を残している地方公共団体もあります。

◇COLUMN◇　投票のパラドックス

　前述のとおり、3つ以上の選択肢による住民投票が行われることも珍しくありません。しかし、3つ以上の選択肢がある場合、下図のとおり、最も好ましくない選択肢が最多得票を得る可能性があることが指摘されています。

<投票のパラドックスの例>
7人の投票者がx、y、zの3つの選択肢のうちから1つを選択するとします。各投票者の選好順位は次のとおりとします。
　　1. $x > y > z$
　　2. $x > y > z$
　　3. $x > y > z$
　　4. $y > z > x$
　　5. $y > z > x$
　　6. $z > y > x$
　　7. $z > y > x$
　この場合、最多得票の選択肢はxですが、実は過半数の投票者がxを最も好ましくない選択肢と考えていることがわかります。

11　投票の成立要件

　住民投票条例を制定している地方公共団体の多くが、住民投票を実施した結果、投票率が一定の割合（例：投票資格者の2分の1以上など）に達しなかった場合には住民投票を不成立とする「投票の成立要件」を設けていますが、一部には成立要件をあえて設けていない地方公共団体もあります。

・成立要件を設ける理由

　投票率が低い場合の住民投票の結果は十分な民意を反映していないおそれがあり、地方公共団体にその結果の尊重義務を課すことは適切ではないから。

・成立要件を設けない理由

　成立要件を設けると、住民投票を成立させないためにボイコット運動が起きる懸念があるから。

　なお、投票の成立要件を設けている地方公共団体では、要件を満たさずに不成立となった場合にも開票を行うとしているところと、不成立となった場合は開票しないとしているところがあります。開票する理由・しない理由は、それぞれ下記のとおりです。

・不成立の場合も開票を行う理由

　投票が成立しなかった場合も、多くの人の労力と時間、多額の経費がかけられた投票結果について長の説明責任および情報公開を全うする必要があるから。

・不成立の場合は開票を行わない理由

　不成立であったにもかかわらず開票し、その結果を公表することによって行政に混乱を招くおそれがあるから。

　なお、過去には成立要件を満たさなかった住民投票について開票が行われなかったことを不服とした市民グループが、市を提訴した例があります（平成25年8月東京都小平市⇒P.160参照）。

12　再請求・再投票の制限

　住民投票条例の多くが、投票結果の告示の日から一定の期間は、同一の事項または当該事項と同じ趣旨の事項について、請求や発議を認めないようにする「再請求・再投票の制限」を設けています。その主な理由は以下のとおりです。

① 住民投票の濫用防止

　再請求・再投票の制限期間を設けない場合、投票結果によっては短期間に再請求が繰り返されることが懸念されることから。

② 住民投票実施に要するコスト

　住民投票の実施にあたっては多大な労力と費用が必要となるため、短期間に再請求・再投票が繰り返されると、地方公共団体の財政に多大な負担が生じることから。

③ 投票結果の尊重

　住民投票の結果は尊重されるべきものであり、期間を置かずに同様の事項を住民投票に付すことは、先に行われた投票の結果を否定するものになると考えられることから。

　なお、住民投票の成立要件を設けている地方公共団体では、不成立となった場合に再請求・再投票の制限期間を設けている場合とそうでない場合とがあります。

　不成立である場合にも再請求・再投票の制限を設けているのは、開票の結果が示されるかどうかにかかわらず、不成立もまた住民の意思であり、その意思を尊重するという考えに基づくものです。

なお、制限期間の長さについては、あまりに短い期間だと住民投票の結果が不安定になってしまう一方、あまりにも長い期間にすれば、社会状況や住民の意思に変化が生じても対応ができないために民意の反映ができず、行政の硬直化を招くおそれがあります。既存の常設型条例をみると、4年ごとに長と議会の議員の選挙があることを鑑みて禁止期間を2年間と定めているケースが多くみられます。

＜参考例＞ 川崎市住民投票制度の概要

　第２章では住民投票条例制定にあたっての主な論点を考察しました。神奈川県川崎市では、本章で考察したこれらの論点などについて協議・検討を重ね、平成20年に常設型の住民投票条例を制定しました。ここでは、その概要を紹介します。

1．住民投票の対象事項

　住民投票の対象にできるのは、次の２点の両方に該当する事項です。

（1）現在または将来の住民の福祉に重大な影響を与える可能性のある事項

　・市の存立の基礎的条件に関する事項

　・市民全体に重大な影響を及ぼすおそれのある事項など

（2）住民の間または住民・議会・市長の間に重大な意見の相違が認められる状況などを踏まえ、住民に直接その賛成または反対を確認する必要がある事項

　すでに住民投票に付された事項や議会または市長その他の執行機関により意思決定が行われた事項については、改めて住民に賛成または反対を確認することが必要とされる「特別な事情※」が求められます。

※「特別な事情」とは？
・景気変動等による財政状況の大きな変化
・対象事業に係る国の制度等の大幅な変更
・時間的経過や他の事業への代替等に伴う再検証の必要性など

次に掲げる事項は、住民投票に付されません。

・法律に基づいて住民投票を行うことができる事項

・住民投票を実施することにより、特定の個人または団体、特定の地域の住民等の権利等を不当に侵害するおそれのある事項

・専ら特定の地域に関する事項

・市民が納付すべき金銭の額の増減を専ら対象とした事項

・その他住民投票に付することが適当でないと認められる事項

2. 住民投票の投票資格者

　市内に住所を有する満18歳以上で、引き続き3か月以上川崎市の住民基本台帳に記録されている者で、次のいずれかに該当する必要があります。

・日本国籍を有する者

・日本国籍を有しない者で、永住者、特別永住者または日本に在留資格を持って3年を超えて住民基本台帳に記録されている者（住民基本台帳の記録期間については、外国人住民についても日本人と同様に住民基本台帳の適用対象とされた「住民基本台帳法の一部を改正する法律」施行（平成24年7月9日施行）前に外国人登録原票に登録されていた期間も通算される）

　ただし、公職選挙法で規定する選挙権の欠格事由に該当する人（同様の事由に該当する外国人を含む）については、投票資格者になることはできません。

3．住民投票の発議
（1）住民発議
　投票資格者総数の10分の1以上の署名を集めることにより、市長に実施の請求ができます。

> ＜署名収集について＞
> ・署名収集をしようとする人は、市長から請求代表者の証明書の交付を受ける必要があります。（交付にあたっては、請求事項が条例に適合しているか市長の確認を受ける必要があります。）
> ・署名収集の期間は、2か月以内です。
> ・署名は、漢字、かな、ローマ字で記載できます。
> ・請求代表者は、署名収集を他の投票資格者に委任することができます。
> ・その他については、地方自治法の直接請求制度に準じています。

（2）議会発議
　議会はその議決を経て市長に実施の請求ができますが、議案の提出には、議員の定数の12分の1以上の賛成が必要となります。

（3）市長発議
　市長は自ら住民投票を発議することができます。

4．住民投票の形式
　賛成または反対を問う形式とします。

5．議会への協議
　次の場合には、住民投票の実施について議会に協議を求めることができます。
・署名収集後、請求代表者から実施の請求が行われた場合

・市長自ら発議する場合

6．住民投票の実施

　市長は「議会への協議」の結果、出席議員の3分の2以上の議員が実施に反対する場合を除いて、住民投票を実施します。投票期日は、原則として実施の告示をした日から60日経過後に市内全域で行われる選挙と同じ日とします。

※緊急性などの理由があるときは、単独で住民投票を実施することもあります。

7．情報の提供

　市は中立な立場で、投票の判断のために必要な情報をわかりやすく投票資格者に提供します。

8．住民投票運動

　住民投票の実施の告示の日以降に、選挙の期間が重なるときは、その選挙が行われる区域内で住民投票運動をすることができません。

　また、次に挙げる行為は禁止されます。

・買収、脅迫その他不正の手段により住民の自由な意思を拘束し、または干渉する行為
・市民の平穏な生活環境を侵害する行為
・公職選挙法その他の選挙関連法令の規制に反する行為

9．投票

　投票の方法は、公職の選挙に準じ、投票用紙に印刷された「賛成」、「反対」のいずれかに○を付けて、投票を行います。投票日の告示日の翌日から投票日の前日まで、期日前投票や不在者投票を行えるほ

か、からだの不自由な方などは、点字投票や代理投票・郵便等による不在者投票の制度を利用できます。

<投票所について>
　選挙と同じ日に実施する場合、選挙と同じ投票所で投票しますが、選挙の投票所に入場できないとされている外国人の投票資格者の投票所は、区役所、支所、出張所に設ける予定です。単独で実施する場合、すべての投票資格者が選挙と同じ投票所で投票します。

10. 投票結果

　議会と市長は、投票結果を尊重します。

<参考> 住民投票の流れ（例）

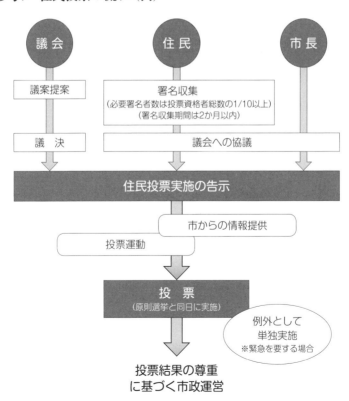

第 3 章

住民投票制度の運用 ①
平常時～住民投票運動への対応

住民投票が発議されるタイミングや発議主体は、直前までわからないケースも珍しくありません。平常時から発議に備えて、関係部署で住民投票制度についての知識を共有し、役割分担を明確にしておくことが大切です。本章では、一例として**常設型住民投票制度を採用している政令指定都市の条例**をもとに、住民投票制度の運用例を紹介します。常設型住民投票制度を運用する場合の参考としてください。

1　住民投票制度に係る関係部署の役割等

【基本的な考え方】
・住民投票制度の運用に係る事務は、制度所管課が行います。
・住民発議があった場合の対応は、原則として発議案件所管部署が行います。
・住民発議における署名審査および住民投票の投開票に係る事務は市または区の選挙管理委員会が行います。

（1）発議に備えて（平常時）の業務

　制度所管課は、住民投票の発議に備えて、制度の運用に関する次の業務を行います。

① 住民投票制度に関する問い合わせへの対応

　住民発議を検討する者等からの制度等に関する問い合わせに対して、回答や説明を行います。

② 制度に関する広報、周知業務

　住民投票制度に関するパンフレット、リーフレット、逐条説明

書等を活用し、例えば、成人の日の集いでのPRや出前説明会を行うなどして、制度の周知を図ります。また、外国人の投票資格者に対しての制度の周知に努めます。

③ 国の制度改正等への対応

条例、規制および住民投票システム等に影響する国の制度改正等がある場合の対応を行います。

④ 発議に備えた関係部署との連携

人事異動等で担当者が替わることもあるので、毎年、発議に備えて関係部署への周知や制度説明会を行いましょう。また、年度当初に関係者名簿等を整備し、臨機応変に対応できるよう、連携を図ることも大切です。

（2）発議があったら

住民投票は、現在または将来にわたる行政上の重要事項について住民に直接賛否を問うものです。したがって、住民投票に付された案件について住民が自ら判断できるように、住民に対して事業の目的、意義、これまでの経緯、費用、市民生活への影響等を適切に説明することが非常に重要です。

そのため、発議があった場合の対応は以下に挙げるとおり、原則として発議案件所管部署が行い、制度所管課が住民投票制度の運用に関して発議案件所管部署に対して指導・助言を行う体制をとるようにします。

また、住民投票の発議〜結果判明までは、概ね「発議に関する情報が入ってから実施の告示の前まで」「実施の告示後から結果の公

表まで」の2つに区分されます。それぞれの段階における制度所管課、発議案件所管部署等の役割は次のとおりです。

① 発議に関する情報が入ってから実施の告示の前まで

・住民投票に関する住民からの事前相談や市長からの指示といった初期段階では、制度所管課が情報収集および関係部署との連絡調整を行います。

・発議することが明確になった段階からは、発議に関する事務処理は発議案件所管部署が行い、制度所管課は住民投票制度に関する指導・助言を行います。

・市全体の施策に係る総合的な調整を行う部署（総務部、総務企画局等）は、案件に関する施策情報を整理し、発議案件所管部署に対して提供します。

・発議案件所管部署は、全庁的に情報共有や進捗状況の確認ができるよう、住民投票実施本部を立ち上げます。

・住民発議における署名審査に関する事務の全体調整は、あらかじめ当該事務について委任を受けた市選挙管理委員会事務局が行い、区に係る署名審査は当該区選挙管理委員会事務局が行います。政令指定都市でない場合は、事務の全体調整・署名審査ともに市町村の選挙管理委員会が行います。

② 実施の告示後から結果の公表まで

・実施の告示後も、引き続き発議案件所管部署が住民投票に関する事務処理を行います。

・制度所管課は住民投票制度に関する指導・助言を行います。また、発議案件所管部署とともに住民投票の適正な実施に係る啓

発を行います。

・市全体の施策に係る総合的な調整を行う部署（総務部、総務企画局等）は、発議案件所管部署に対して案件に関する施策情報の提供を行います。

・発議案件所管部署は、全庁的に情報共有や進捗状況の確認ができるよう、住民投票実施本部を開設します。

・投開票に関する事務の全体調整は市選挙管理委員会事務局が行い、当該事務の執行は主として区の選挙管理委員会が行います。政令指定都市でない場合は、全体調整・事務執行ともに市町村の選挙管理委員会が行います。

・住民投票に関する疑義については、市選挙管理委員会事務局と制度所管課において調整を図ります。

（3）発議案件の所管が市長以外の執行機関の場合の取り扱いについて

　教育委員会や交通局など市長以外の執行機関に係る案件については、決済処理等のための便宜的措置として、市長以外の執行機関の職員に対する市長事務部局との併任の発令が必要になります。この場合の併任先は、制度所管課とします。

＜参考＞ 発議案件所管部署が市長以外の執行機関の場合の併任手続きの流れ

① 発議案件所管部署と制度所管課は併任について協議を行います。

② 制度所管課が総務企画局人事課に内申を行います。

③ 人事課から発議案件所管部署に併任を依頼し、発議案件所管部署が同意します。

④ 人事課が併任を発令します。

※併任と兼任の違い

　併任とは、任命権者の異なる他の機関の職員を、その身分を保有させたまま、その任命権者の同意を得て職員に任命することです。兼任は同一任命権者内において職員をさらに他の業務に従事させることを指します。

（4）住民投票関係部署について

　発議に関する情報を入手した部署は、まず制度所管課にその旨の連絡を入れます。連絡を受けた制度所管課は発議案件所管部署のほかに住民投票に関係する部署に連絡し、対応等についての調整を図ります。

<参考> 発議案件所管部署、制度所管課以外の関係部署一覧の例

部署名	役割
総務企画局市民情報室	報道対応
総務企画局庶務課調査担当	議会への協議等の調整
総務企画局法制課	公告式関係、不服申立て等関係
総務企画局人事課	併任等の発令関係（※併任手続きが必要な場合のみ）
総務企画局行政改革室	実施時の体制関係
総務企画局企画調整課	案件に関連する施策の情報整理、市長発議等における支援
財政局財政課	予算関係
選挙管理委員会事務局	署名審査、投開票に係る事務、広報等での連携
議会局議事課、政策調査課	議会への協議の調整、議会発議関係

<参考> 住民投票案件発生時の体制の例

住民投票執行機関

【連携】
制度所管課　⇔　発議案件所管部署
＊制度運用に係る指導・助言
＊必要な庁内の連絡調整

＊住民投票発議案件の対応
＊発議に係る事務

【連携】
総務企画局企画調整課
＊案件に関連する施策の情報整理
＊市長発議等における支援

住民投票実施本部
＊情報共有および進捗状況の確認
（事務局：発議案件所管部署）

連絡会
（部・課長級で構成）

【事務委任・連携】【署名審査、投開票事務】
選挙管理委員会事務局
＊署名審査（区選管）
＊投開票事務（市・区選管）

【住民発議、市長発議における協議】
【議会発議対応】

【調整】
議会局
＊発議についての協議の調整
＊議会発議

(5) 住民投票実施本部の設置

住民投票実施本部は、市長をはじめ関係局長を構成員とし、円滑な住民投票の実施に向けて情報共有、進捗状況等の確認を行うために設置するものです。事務局は発議案件所管部署が担います。また、関係局の部長・課長級による連絡会を設置し、適宜、情報提供や必要な調整を行います。

<参考> 住民投票実施本部

【構成員】
・市長（本部長）
・副市長（副本部長）
・総務企画局長
・財政局長
・住民投票発議案件局長
・各区長
・選挙管理委員会事務局長
・発議案件等関係局長

連絡会（部・課長級で構成）

事務局：発議案件所管部署

●設置期間
　原則として住民投票の発議に係る手続きが開始された日から投票結果の告示の日まで
（※実際には開催スケジュール案①の時期にも開催します。）

●開催スケジュール案
①発議することが明確になった段階
　（発議案件、スケジュールの確認）
②議会への協議前（議会対応について）
③住民投票実施の告示時（今後のスケジュール、情報提供について）
④投票日決定時（投開票について）
⑤投票結果の告示時（投票結果の確認等）
※このほか必要に応じて開催します。

○第1回目　住民投票実施本部の開催イメージ
　　　　　　　　　　司会進行　発議案件所管局長
1　本部長あいさつ（市長）
2　発議案件について（発議案件所管局・総合企画局）
3　今後のスケジュール（制度所管局）
4　その他実施時の応援体制依頼など（発議案件所管局）

2　発議案件の条例適合性

発議案件所管部署は、住民投票の実施に関する住民からの事前相談や市長からの指示を受けて、発議をすることが明確になった段階

で、その案件が条例の定める発議要件に該当するか否かを検証し、発議に向けた情報共有や調整を行います。

（1）住民発議の場合

　発議案件所管部署は、住民投票に付そうとする案件の条例適合性について審査を行います。また、申請を却下した場合の不服申立て等の対応および議会に協議を行う際の条例適合性の考え方について整理しておきます。

　制度所管課は、条例適合性の考え方等について指導・助言を行います。市全体の施策の総合的な調整等を行う部署（総務部、総務企画局等）は、施策情報の提供を行います。

（2）議会発議の場合

　議会発議における条例適合性の考え方の整理は議会が行うことになりますが、制度所管課や発議案件所管部署は議会局と連携して適切な情報の提供を行います。

（3）市長発議の場合

　発議案件所管部署は、住民投票に付そうとする案件の条例適合性について検証し、議会に協議を行う際の考え方について整理します。

　制度所管課は、条例適合性の考え方等について指導・助言を行います。市全体の施策の総合的な調整等を行う部署（総務部、総務企画局等）は、施策情報の提供を行います。

3 発議への対応

Ⅰ 住民発議

【住民発議における事務執行についての基本的な考え方】

・住民発議があった場合の対応は、原則として発議案件所管部署が行います。

・制度所管課は、発議案件所管部署に対し条例に基づく制度運用に係る指導・助言を行うとともに必要に応じて庁内の連絡調整を行います。

・署名審査等の事務および住民投票の投開票に係る事務は、市長から市（および区）の選挙管理委員会に委任します。

1. 発議への対応

住民発議における事前相談から代表者証明書交付申請書提出までの流れの例

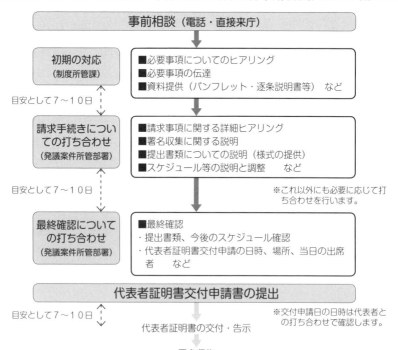

事前相談（電話・直接来庁）

初期の対応
（制度所管課）
■必要事項についてのヒアリング
■必要事項の伝達
■資料提供（パンフレット・逐条説明書等）　など

目安として7～10日

請求手続きについての打ち合わせ
（発議案件所管部署）
■請求事項に関する詳細ヒアリング
■署名収集に関する説明
■提出書類についての説明（様式の提供）
■スケジュール等の説明と調整　　など

目安として7～10日

※これ以外にも必要に応じて打ち合わせを行います。

最終確認についての打ち合わせ
（発議案件所管部署）
■最終確認
・提出書類、今後のスケジュール確認
・代表者証明書交付申請の日時、場所、当日の出席者　など

代表者証明書交付申請書の提出

目安として7～10日

※交付申請日の日時は代表者との打ち合わせで確認します。

代表者証明書の交付・告示

署名収集

（1）住民からの問い合わせへの対応（初期対応）

　住民から来庁または電話等により「住民投票実施のための手続きを開始したい」という問い合わせがあった場合は、まず、制度所管課が次表の①～⑦の項目について住民にヒアリングを行うとともに、次頁に挙げる「問い合わせがあったときに伝える必要事項」を伝えます。

■ ヒアリング項目とねらい

ヒアリング項目		ねらい
①住民投票の対象事項	どのような内容についての住民投票を考えていますか？（理由や背景などについて聞く）	・発議案件所管部署の決定 ・対象事項適否の確認
②署名収集予定期間	（今後の大まかなスケジュールについて確認したいので）いつごろから署名収集を開始しようと考えていますか？	・収集禁止期間の確認 ・署名審査人員確保の目安
③目標署名数	（署名審査に係る期間に関係してきますので、もし、お考えになっていれば）、署名収集の目標数などはありますか？	・署名審査期間の想定 ・署名審査人員確保の目安
④来訪者氏名等連絡先	あなたのお名前、住所、連絡先を教えていただけますか？（あなたが請求代表者となる予定でしょうか？）	・打ち合わせの連絡、文書等送付
⑤請求代表者氏名等	中心となって署名を集める方（請求代表者）が何人かいらっしゃる場合は、すべての方について教えてください。 ・住所・氏名・生年月日 ・市内在住期間（いつからお住まいですか？）	・請求資格の事前確認 ・個人情報の保護について申し添えること

⑥団体名、 　連絡先	代表者個人ではなく、もし団体等 があれば教えていただけますか？ ・名称・住所・電話番号	・打ち合わせの連 　絡、文書等送付
⑦事務所、 　連絡先	これから事務所を設置する予定な どはありますか？ ・名称・住所・電話番号	・打ち合わせの連 　絡、文書等の送 　付

■ 問い合わせがあったときに伝える必要事項

前掲の表①〜⑦の項目についてヒアリングするほか、必ず次の事項を伝えます。

① 住民発議について提出する書類や署名収集の方法などについて十分な説明を行うため、事前の打ち合わせを行いたいこと
② 対象事項の所管部署および署名審査事務の調整を行う選挙管理委員会と事務上の調整をする必要があるので、少し日にちを置いて打ち合わせをしたいこと

※住民投票実施までの日程に余裕がない場合は、打ち合わせの日程などについて配慮する必要があります。

■ 庁内の情報共有

住民から住民投票を実施するための手続きを開始したい旨の問い合わせがあった段階で、制度所管課は発議案件所管部署に連絡をするとともに、関係部署（総務課等）や選挙管理委員会事務局等に情報提供を行います。

① 制度所管課は選挙管理委員会事務局、議会局と調整して全体の想定スケジュールを作成し、庁内の情報共有に向けた準備を行います。

② 発議案件所管部署は、住民発議の動きについて副市長、市長まで
　報告します。

■ 請求内容の条例適合性の事前確認

　住民発議の場合、発議案件所管部署は代表者証明書の交付申請に
備え、住民投票に付そうとする具体的案件が条例の定める発議要件
に該当するか否かを検証します。また、申請を却下した場合の不服
申立て等の対応および議会に協議を行う際の条例適合性の考え方に
ついて整理しておきます。制度所管課は条例適合性の考え方等につ
いて指導・助言を行います。なお、請求内容の条例適合性の審査は、
請求代表者証明書交付申請書の受理後に行います。

<参考> 申請を却下する場合の例

・住民投票に付そうとする事項と実質的に同一の事項と認められる
　事項について発議に係る手続きが開始されている場合
・条例に定められている市政に関わる重要事項ではない場合
・賛成または反対を問う形式になっていない場合
・請求代表者になろうとする者が請求代表者証明書の交付申請日時
　点において条例が定める投票資格を有していない場合

■ 事前準備

　発議案件所管部署は、請求手続きについての打ち合わせが円滑に
進むよう、次の準備を行います。

① 請求代表者の投票資格の有無確認

　　打ち合わせまでに、発議の代表者となろうとしている者が全員
　投票資格者であるかどうか、ヒアリングで得た情報をもとに照会

を行います。

② 必要署名者数の算出依頼

　打ち合わせ時におおよその必要署名者数を伝えるため、担当部署（総務部等）に任意の日を基準日とした必要署名者数の算出依頼をします（＝1回目の算出依頼）。

　なお、代表者証明書を交付するときには、住民投票の実施に必要な署名者数を通知し、告示する必要があるため、再度、請求代表者証明書交付申請日を基準日とした必要署名者数の算出依頼を行います（＝2回目の算出依頼）。

（2）請求代表者との請求手続きについての打ち合わせ

　発議案件所管部署は、案件の内容を確認し、提出書類や署名収集のスケジュールなどについて説明するため、代表者と打ち合わせを行います。

① 市側の出席者
　・発議案件所管部署
　・制度所管課
　・選挙管理委員会事務局
　・（その他必要に応じて）関係部署

② 内容
　・案件に関する詳細ヒアリング
　・署名収集期間や署名簿の調製方法等、署名収集に関する説明
　➡直近のデータにより算出した数値をもとに、参考数値であることを申し添えた上で、おおよその必要署名者数を伝える

③ 準備する資料

- ・投票までの流れや提出書類、部数などについて書いた資料
- ・想定スケジュール表

④ その他

- ・請求代表者証明書交付申請日等の希望日程や報道対応についての意向の確認
- ・請求代表者の資格（住所・年齢要件や欠格要件）について住所地等に照会する旨の伝達
- ・議会への協議の際の協議書に請求代表者の住所および氏名が記載される旨の伝達
- ・住民投票運動の制限や署名収集禁止期間についての説明

■ 打ち合わせ結果を踏まえた庁内での情報共有

　発議案件所管部署は、請求代表者との打ち合わせ結果を庁内関係者および副市長・市長に報告し、状況に応じて発議案件所管部署を事務局とする住民投票実施本部を設置します。また、必要に応じて、関係局の部長・課長級による連絡会を設置し、詳細な打ち合わせを行います。

２．請求代表者証明書交付申請書の受理、確認、請求代表者証明書の交付

（1）請求代表者証明書交付申請書の受理

　事前の打ち合わせの際に確認した請求代表者証明書交付申請書の提出日に、請求代表者は確認済みの交付申請書、実施請求書など規定の書類を持参してもらうことになっています。発議案件所管部署

はこれらを審査の上、記載漏れ等がなければ受理します。また、発議案件所管部署は、受理した申請書その他関係書類を副市長・市長まで供覧します。

<参考> 住民投票実施請求書⇒P.106
<参考> 住民投票実施請求代表者証明書交付申請書⇒P.107

（2）請求代表者の投票資格の有無確認

　請求代表者証明書交付申請書を受理した後、当該代表者が投票資格を有しているかを審査し、資格を有していることが確認できたときは、請求代表者証明書を交付することになります。

　発議案件所管部署は、請求代表者となろうとする者（複数人のときは全員）が請求代表者証明書交付申請日現在、条例で定める資格要件を満たしているかどうかを確認するため、選挙管理委員会や住民課などの担当部署に確認します。

　なお、投票資格は、各地方公共団体が条例で定めることとされており、一般的には、投票資格要件には次のようなものがあります。

＜投票資格要件の例＞

① 住所・年齢要件を満たしていること
② 選挙権の欠格事由に該当しないこと
③ 請求代表者全員が投票資格を有している
➡代表者が複数人の場合は、全員が投票資格を有していなければならず、そのうちの１人でも資格要件を有しない者が含まれている場合は、請求代表者証明書を交付できない旨定めている条例もあります。

（3）必要署名者数の確認

　請求代表者証明書を交付する際に、請求代表者証明書交付の日現在の必要署名者数を通知するため、発議案件所管部署はあらかじめ担当部署に必要署名者数の算出を依頼します（2回目の算出依頼）。

　請求代表者証明書交付申請書の提出日については、発議代表者との打ち合わせのときに、あらかじめ確認しておき、提出日（必要署名者数の算出基準日）が決まり次第、担当部署に確認するなどして、速やかに算出が行われるよう依頼するのが適当です。

（4）請求代表者証明書の交付、告示

　実施請求書に記載された事項について審査した結果、住民投票に付すことができる「市政に係る重要事項」であることおよび請求代表者が投票資格者であることが確認できた場合、発議案件所管部署は必要署名者数の算出が終わり次第、速やかに請求代表者証明書の交付に関する手続きを行います。手続きの手順例は以下のとおりです。

＜参考＞ 手続きの手順例

① 請求代表者証明書の交付および告示についての起案を行う

② 必要署名者数の通知をするための起案を行う

③ あらかじめ請求代表者と調整した日に請求代表者証明書を交付し、その際に必要署名者数を通知する

④ 請求代表者証明書交付の際、当該代表者から受領書を徴収する

⑤ 請求代表者証明書を交付した旨および必要署名者数の告示手続きを行う（告示を行う日は、請求代表者証明書の交付と同日とする）

＜参考＞ 住民投票実施請求代表者証明書⇒P.108

<参考> 住民投票実施請求者署名簿（表紙）⇒P.109
<参考> 住民投票実施請求者署名簿 ⇒P.110
<参考> 住民投票実施請求署名収集証明書 ⇒P.111

3．署名審査に係る費用の予算措置

　発議案件所管部署は、署名審査に係る費用について選挙管理委員会事務局に積算を依頼し、予算措置について財政担当課と協議します。なお、住民発議の場合の署名審査に係る費用は、速やかに執行する必要がありますが、補正予算を編成する時間的余裕がない場合は、流用または予備費での対応とすることも考えられます。

4．署名収集と情報収集

　署名収集は、条例で定められた期間内に行わなければなりません。署名収集期間中、発議案件所管部署は、請求代表者が開設するホームページなどで署名収集の状況などについて情報収集するほか、必要に応じて請求代表者に適宜確認をします。

5．署名簿の提出

　請求代表者は、署名収集が終了し、署名者数が必要署名者数に達したときは、選挙管理委員会に対して、署名簿に署名等をした者が正当に審査（投票資格者）名簿に登録された者であることの証明を求めなければなりません。証明を求める際には、署名簿が2冊以上に分かれているときはこれらを一括した上で、署名証明申請書を付して選挙管理委員会に提出します。

　なお、選挙管理委員会は、次の場合は署名簿の提出を却下するこ

とができます。

・署名簿に署名等をした者の数が必要署名者数に満たないことが明らかであるとき

・署名簿の提出期間を経過しているとき

6．審査 (投票資格者) 名簿の調製と抄本の閲覧
(1) 審査名簿の調製

　発議案件所管部署は、住民投票請求代表者から署名簿の提出があった場合に署名等の審査を行うための投票資格者を登録した審査名簿の調製を行います。審査名簿は、請求代表者証明書の交付日現在の投票資格者を登録した署名等の審査に用いるための名簿で、名簿の管理に係る経費や事務の負担などを軽減するため、公職の選挙に用いる選挙人名簿のような「永久名簿方式」ではなく、必要が生じた都度、調製する「随時名簿方式」を採るケースが一般的です。

　審査名簿には、請求代表者証明書の交付日現在における投票資格者の氏名、住所、生年月日等を記載します。なお、ここでいう「住所」は、代表者証明書交付の日現在における、住民基本台帳に記録されている住所を指します。審査名簿への登録は、職権により住民基本台帳の記録を利用することとしているため、投票資格者からの登録申請など、特段の手続きを必要としません。

(2) 審査 (投票資格者) 名簿抄本の閲覧

　選挙管理委員会は、審査 (投票資格者) 名簿を調製したときは、条例で定める一定期間、投票資格者からの申出に応じ、審査 (投票資格者) 名簿の抄本 (当該申出を行った投票資格者が記載された部分

に限る）を閲覧させなければなりません。審査名簿の抄本の閲覧は、投票資格者に審査（投票資格者）名簿の登録に関し異議の申出の機会を与え、登録漏れを予防して審査（投票資格者）名簿の正確性を期すことを目的としており、閲覧の期間と場所については、条例で定める日までに区選挙管理委員会が告示することとされます。

（3）審査（投票資格者）名簿に関する異議の申出

　審査（投票資格者）名簿の登録に関して不服がある投票資格者（投票資格を有すると主張する者を含む）は、異議の申出の趣旨や理由等を記した文書をもって、当該名簿を管理する区選挙管理委員会に対し、異議の申出を行うことができます。具体的な手続き等については、公職選挙法に規定する選挙人名簿に関する異議の申出の例に準じます。

　区選挙管理委員会は、審査（投票資格者）名簿の登録に関して異議の申出を受けたときは、条例で定める期間内にその異議に対する決定を行わなければなりません。

・申出を正当と決定した場合
　➡異議の申出に係る者を審査（投票資格者）名簿に登録、または抹消し、その旨を申出人および関係人に通知
・申出を正当でないと決定した場合
　➡その旨を申出人に通知

※「関係人」とは、審査（投票資格者）名簿の登録に関し、不服の対象とされた者を指します。請求代表者が複数人の異議の申出をまとめて行う場合などは、請求代表者以外の者が関係人となります。

（4）補正登録

　選挙管理委員会は、自ら行った調査や投票資格者本人からの申出

などにより、本来、審査（投票資格者）名簿に登録されるべき者が登録されていないことを知った場合には、速やかにその者を審査（投票資格者）名簿に補正登録しなければなりません。

7．署名等の審査および縦覧
（1）署名等の審査

　選挙管理委員会は、請求代表者から署名簿が提出され、署名等の証明を求められたときは、署名等をした者が審査（投票資格者）名簿に登録された者かどうかについて審査を行い、署名等の効力を決定をし、印をもって有効、無効である旨の証明をします。

　なお、署名等の審査により、次に該当する署名は無効とします。

・条例や施行規則に定める正規の手続きによらない署名等
・何人であるかを確認し難い署名等
・詐偽または強迫に基づく旨の異議の申出があった署名等で、区選挙管理委員会がその申出を正当と決定したもの

　なお、区選挙管理委員会は、署名等の効力を決定するにあたって必要があるときは、関係人の出頭および証言を求めることができます。また、区選挙管理委員会は、同一人に係る2以上の署名等があるときは、そのうちの1つを有効と決定しなければなりません。

（2）署名簿の縦覧

　区選挙管理委員会は、署名の効力が確定していない署名簿を関係人の縦覧に供し、署名等の効力を確定させます。ここでいう「関係人」とは、署名簿の署名等の効力に関して直接利害関係を有する者を指

しますが、直接利害関係を有するか否かは縦覧の結果初めて明らか
になるものであることから、審査（投票資格者）名簿に登録されるべ
き者全員が関係人ということになります。なお、縦覧の期間と場所
については、区選挙管理委員会があらかじめ告示します。

（3）署名の効力に対する異議の申出

　縦覧に供された署名簿の署名等の効力に関し不服のある者は、条
例で規定する縦覧期間内に、署名等の効力に関する異議の申出の趣
旨や理由等を記した文書をもって、区選挙管理委員会に対し、異議
の申出を行うことができます。ただし口頭による異議の申出は認め
られず、必ず文書をもってしなければなりません。なお、異議の申出
ができるのは、署名簿の署名等についてであり、署名自体に関する
ことはもちろん、署名を求める手続き等の瑕疵を内容とする署名に
関する事項や署名簿そのものの効力を争う場合も含まれます。具体
的な手続き等については、直接請求制度における署名簿に関する異
議の申出の例によることとされています。

　なお、「署名簿の署名等に関し不服のある関係人」とは、①請求代
表者および署名収集受任者、②署名者、③他人に自己の名を偽筆さ
れた者等、署名の効力の決定に関して直接利害関係のある者のこと
を指します。投票資格者であっても、ここにいう当該署名等に直接
利害関係を有しない者は、異議の申出をすることができません。

（4）異議に対する決定

　区選挙管理委員会は、異議の申出を受けた場合、条例で定める期
間内にその異議に対する決定を行わなければなりません。

・申出を正当と決定した場合

　➡署名等の証明を修正し、その旨を申出人および関係人に通知

・申出を正当でないと決定した場合

　➡その旨を申出人に通知

(5) 署名簿の返付と審査録の保存

　区選挙管理委員会は、縦覧期間内に異議の申出がなかったとき、またはすべての異議に対する決定を行ったときは、署名簿の末尾に署名総数並びに有効署名数および無効署名数を記載し、請求代表者に返付しなければなりません。また、区選挙管理委員会は、署名等の効力の決定に関し、関係人の出頭や証言を求めた次第や、無効と決定した署名等についての決定の次第など必要な事項を署名審査録に記載し、署名簿等の効力が確定するまでの間、これを保存しなければなりません。署名審査録は、公の記録として署名等の効力を争う場合の証拠となります。

<参考> 署名収集後の手続きの例 (政令指定都市の例)

項目		手続きの内容
署名の収集	請求代表者 →受任者	投票資格者への署名収集の委任 ・委任状の原本を署名簿に編綴
	請求代表者 →区選管	委任届の提出 ・委任届を受理した旨の報告 　(区選管→市選管→発議案件所管部署)
	請求代表者 →受任者	署名の収集 (請求代表者証明書交付の告示日から2か月以内) ・署名簿は区ごとに作成し、区ごとに収集

署名簿の提出	請求代表者→区選管	署名簿の提出 (署名収集期間満了日の翌日から5日以内) ①署名証明申請書 ②署名簿 (区ごとに一括) ③確認文書 (必要に応じて持参者から徴収) ④受理書 (区選管→請求代表者) ⑤報告書 (区選管→市選管→発議案件所管部署)
審査(投票資格者)名簿の調製	区選管	審査(投票資格者)名簿抄本の閲覧の期間の告示 (閲覧開始の3日前までに) ・告示した旨の報告 (区選管→市選管→発議案件所管部署)
	区選管	審査 (投票資格者) 名簿の調製 (署名簿の提出を受けた日から閲覧の前日までに調製) ・登録基準日は代表者証明書交付の日現在
審査(投票資格者)名簿抄本の閲覧	区選管	審査 (投票資格者) 名簿抄本の閲覧 (申出書) (審査名簿を調製した日から5日間) 異議の申出 異議の申出の受理、決定
署名審査	区選管	署名簿の審査 (署名簿を受理した日から60日以内) ①署名簿自体の審査 ②署名収集受任者整理票との照合 ③署名の証明 (有効・無効の決定) 署名簿の縦覧の期間と場所の告示 (あらかじめ) ・告示した旨の報告 (区選管→市選管→発議案件所管部署)
署名簿の縦覧	区選管	署名簿の縦覧 (署名の証明終了後7日間) 異議の申出の受理、決定 (異議の申出の日から7日以内)

署名簿の返付	区選管 →(市選管) →請求代表者	署名簿の返付 ①返付書 ②署名簿 ③受領書 (請求代表者→市選管→区選管) ④報告文書 (区選管→市選管→発議案件所管部署)

8．実施請求書の受理、確認、通知

　区選挙管理委員会における署名審査が終了し、代表者に署名簿を返付する段階で、有効署名数が条例で定める必要署名者数以上である場合は、住民投票実施請求書の受理の準備を行います。必要署名者数未満である場合は、通常は実施の請求は行われません。ただし、請求代表者側が意図的に請求を行う場合もあるので、その場合に備えて却下を前提とした準備を行うようにします。

① 住民投票実施の請求

　請求代表者は、区選挙管理委員会より署名簿の返付を受けた日から、条例で定められている期間内に署名簿その他の申請事項を添えて、住民投票実施の請求を行います。

② 実施請求書の受理

　発議案件所管部署は、請求代表者からの提出書類を形式審査し、記載漏れなどがなければ受理し、請求代表者にその旨を通知します。却下の場合には、請求代表者へ却下通知を行い、併せて不服申立て等に係る教示を行います。

■ 実施請求が行われなかった場合

　発議案件所管部署は、区選挙管理委員会から請求代表者に署名簿

を返付した旨の報告書を受け取り、副市長、市長まで供覧します。請求代表者が区選挙管理委員会から署名簿の返付を受けた後、条例で定められた期間内に実施請求をしない場合は、その時点で当該住民投票の発議に係る手続きは終了します。

■ 実施請求書の補正

　提出書類については、事前に打ち合わせて調整を行っているため、通常の場合は補正の必要はないはずですが、実施請求書の提出日になって必要書類の不足、宛先および年月日の誤記載など内容に不備があった場合は、条例で定める期間内にこれを補正させます。なお、補正を求めたにもかかわらず、請求代表者が期間内に補正をしない場合は、請求を却下します。

9. 議会への協議
(1) 議会への協議に係る調整と協議書の作成

　発議案件所管部署は、請求代表者からの実施請求書を受理した後、担当部署と協議書の提出に係る日程等を調整して協議書を作成し、住民投票の実施について速やかに議会に協議を求める手続きを開始します。

＜参考＞ 協議書の提出の流れ

発議案件所管部署が議会への協議について起案

⬇

市長決裁 (その後、必要に応じて記者会見を行う)

⬇

担当部署へ協議の手続きの依頼

担当部署が協議の伺い、市長決裁

協議書印刷

議会に対して協議書提出

（2）議会対応

　議会における具体的な議事運営に関しては、各議会の所管事項となります。したがって、常任委員会または設置された特別委員会における審議や本会議における住民投票の実施に関する賛否の確認方法は、各議会運営委員会で協議の上、決定されることになります。議会への協議が委員会付託となる場合は、発議案件所管部署が常任委員会への対応を行います。

■ 協議について
①「議会への協議」についての考え方

　間接民主主義の趣旨から、直接民主制的な住民投票の実施にあたっては、執行機関である市長と議決機関である議会が互いに協議することによって、制度運用の調和を図ることとしています。協議の結果、条例で定められた数以上の在職議員から反対があった場合は、基本的に住民投票は実施されません。なお、この協議は、地方自治法が規定する特別多数決（出席議員の3分の2以上、議長含む）による議決とは異なり、議案書と同じ形式で議会に提出しますが、

本会議での意思決定である「議決」ではありません。なお、賛否確認については、「出席議員」ではなく、賛否確認の日に欠席した議員も含めた「在職議員」を母数とし、議長も賛否の数に含まれます。

② 協議結果の通知

　住民投票を実施する場合・しない場合のいずれの場合にも、議会から住民投票の実施について「所定数以上に達した旨」あるいは「所定数以上に達しなかった旨」の協議結果の通知があります。

10. 実施の決定、告示、通知および公表

　発議案件所管部署は、議会局からの協議結果の通知を受けて、住民投票の実施（または不実施）の決定に係る手続きを行います。

<参考> 手続きの手順例

① 議会局から協議結果の通知書が送付される

② 速やかに実施（不実施）および告示についての起案を行う

③ 市長決裁後、実施（不実施）の告示を行う

④ 請求代表者あてに実施（不実施）の通知を行う（告示文の写しを添付する）

⑤ 市の選挙管理委員会への通知を行う

⑥ 住民投票の実施（不実施）について広く市民に周知するため、実施（不実施）のお知らせを市内各所に掲示する

⑦ 市のホームページ等での「お知らせ」も行う

<参考> 請求代表者あて通知文（実施する場合）　⇒P.112
<参考> 請求代表者あて通知文（実施しない場合）⇒P.113

＜参考＞ 市選挙管理委員会委員長あて通知文 ⇒P.114
＜参考＞ 住民投票実施のお知らせ（住民発議の場合） ⇒P.115
＜参考＞ 住民投票不実施のお知らせ（住民発議の場合） ⇒P.116

11．申請の却下と不服申立て等への対応

　行政庁の処分その他権力の行使にあたる行為に不服のある者は、行政不服審査法の規定に基づき、不服申立てをすることができます。住民投票においても、

① 請求代表者証明書の交付申請に対する却下

② 署名簿の提出時の却下

③ 実施請求に対する却下

等が規定されているケースが多く、これらの却下も行政処分にあたることから、行政不服審査法の規定に基づく不服申立て等ができます。

■ 請求代表者証明書の交付申請に対する却下

　発議案件所管部署は、請求代表者から提出された必要書類（請求代表者証明書交付申請書、実施請求書）に基づき、住民投票に付そうとする事項が条例で定める事項のいずれかに該当する場合は、申請を却下することができます。

■ 署名簿提出時の却下

　署名収集の結果、署名数が交付申請日現在の必要署名者数に満たない場合および署名期間が規定の期間を超えた場合は、当該申請を却下します。

■ 実施請求に対する却下

　発議案件所管部署は、住民投票実施請求者署名簿の有効署名等の総数が必要署名者数に達しないとき、または住民投票実施請求者署名簿の返付を受けた日から規定の日数を超えても実施請求がない場合は、当該請求を却下します。

　なお、請求書の宛名や年月の誤記、署名収集証明書の不備など適法な方法を欠いているときは、期限を設けて補正させることにより、交付申請を適法とさせることもできます。却下の際には、請求代表者に行政不服審査法に基づく異議申立て等ができることを教示する必要があります。

■ 異議申立てと取消訴訟について

　発議案件所管部署が請求代表者証明書の交付申請に対する却下または実施請求に対する却下を行う際には、処分があったことを知った日の翌日から起算して60日以内に異議申立て等ができることを、請求代表者に教示します。

　異議申立てとは、行政庁の処分その他公権力の行使にあたる行為に関して不服がある場合に、当該行政庁に対してする不服申立てのことをいいます（行政不服審査法第2条）。

　異議申立ては、当該処分庁に上級行政庁がないとき、処分庁が主任の大臣または外局もしくはこれにおかれる庁の長であるとき、または法律上異議申立てをすることができない旨の定めがあるときに限って、認められています。請求代表者証明書交付申請に対する却下については、処分庁は市長であり、市長に上級行政庁はないことから、市長に対する異議申立てが認められることになります。

申立て期間：処分があったことを知った日の翌日から起算して3か
　　　　　　月以内（行政不服審査法第18条第1項）または処分が
　　　　　　あった日の翌日から起算して1年以内（行政不服審査
　　　　　　法第18条第2項）
申立て先：市長（発議案件所管部署）

　また、取消訴訟とは公定力（行政行為の効力の1つ）のある処分
の効力を取り消すことを目的とする訴えのことを指します。却下に
おいては、上記の異議申立てを経由してから、または異議申立てを
経由せずに処分の取り消しを求めて、訴訟を提起することが考えら
れます。

出訴期間：処分または裁決があったことを知った日（上記申立てを
　　　　　　した場合は、当該異議申立てについて決定があったこと
　　　　　　を知った日）の翌日から起算して6か月以内（行政事件
　　　　　　訴訟法第14条第1項）または処分があった日から1年以
　　　　　　内（行政事件訴訟法第14条第2項）
出訴先：裁判所

II　議会発議

【議会発議における事務執行についての基本的な考え方】

・議会発議においては、議会局が中心となって議員への対応、議案の作成を行います。
・制度所管課は関係局と議会局との連絡調整を行うとともに、発議に向けて発議案件所管部署、市の選挙管理委員会事務局、総務企画局企画調整課など関係部署との情報共有と調整を行います。
・発議することが明らかになった段階からの対応は、原則として発議案件所管部署が行い、制度所管課は指導・助言を行います。
・住民投票の投開票に係る事務は市長から市（および区）の選挙管理委員会に委任します。

＜参考＞　議会発議の場合の発議～実施決定までの流れの例

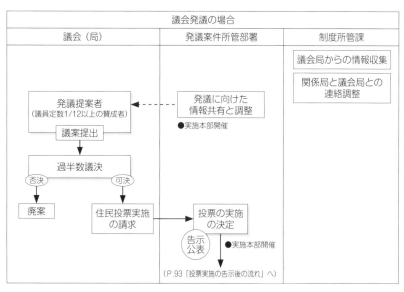

（P.93「投票実施の告示後の流れ」へ）

1．制度所管課への報告

　議会発議の場合、住民投票に関する情報を得た部署は、まず、制度所管課にその旨の連絡をします。

① 議会発議に関する情報を得た場合、制度所管課は議会局と条例適合性や様式、記載要領、住民投票のスケジュール等について確認します。
② 制度所管課は、発議案件所管部署および関係部署に情報提供を行います。

＜参考＞ この段階で情報共有が必要な部署の例

部署名	主な内容
発議案件所管部署	発議案件について
総務企画局市民情報室	報道対応等について
総務企画局法制課	公告式関係について
総務企画局行政改革室	執行体制について
総務企画局企画調整課	発議案件に関する施策情報について
財政局財政課	予算について
市の選挙管理委員会事務局	投開票事務について

※このほかにも、発議案件に関係する部署に情報提供をする必要があります。

2．発議に向けた庁内調整

　議会発議をすることが明確になった段階で、発議案件所管部署が主体的に対応をすることになります。発議案件所管部署は、議事日程が明らかになった段階で全庁的に住民投票の実施に係る情報共有、進捗状況の確認ができるように、自ら事務局となって住民投票

実施本部を立ち上げます。また、必要に応じて関係局の部長・課長級による連絡会を設置し、詳細な打ち合わせを行います。

3. 議会発議から採決まで

　議会内での調整を経て、議員提出議案が作成されます。議会における具体的な議事運営は議会の所管事項となり、本会議における住民投票の実施に関する賛否の確認方法は議会運営委員会で協議し、決定されることになります。

<参考> 議会発議～採決までの流れの例

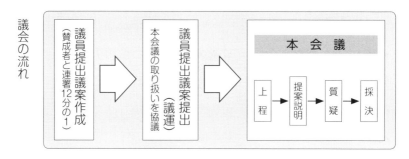

4. 実施に係る決定、告示、通知および公表

　条例で定められた在職議員数の賛成を得た場合、議会の議決を経て、市長に対して住民投票の実施請求が行われます。その際、議長から市長あての書面が送付されます。

① 議会からの実施請求の書面を受領後、発議案件所管部署は速やかに実施および実施に係る告示の起案を行います。
② 市長決裁後、実施の告示を行います。
③ 市の選挙管理委員会への通知を行います。

④ 住民投票の実施について広く市民に周知するため、市内各所に実施のお知らせについて掲示します。

⑤ 市のホームページ等でのお知らせも行います。

　なお、住民発議と市長発議の場合は、条例に基づいて議会への協議の結果、住民投票の実施が決まったとき、実施しないことが決まったときのいずれの場合も告示を行いますが、議会発議においては、条例で定められた在職議員数の賛成を得られない場合は市長への請求がなされないので、実施しない旨の告示は行われません。

＜参考＞ 住民投票実施のお知らせ（議会発議の場合）⇒P.117

Ⅲ　市長発議

【市長発議における事務執行についての基本的な考え方】

・市長発議があった場合の対応は、原則として発議案件所管部署が行います。

・制度所管課は、発議案件所管部署に対して条例に基づく制度運用に係る指導や助言を行うとともに、必要に応じて庁内の連絡調整を行います。

・住民投票の投開票に係る事務は、市長から市（および区）の選挙管理委員会に委任します。

＜参考＞　市長発議の場合の発議〜実施決定までの流れの例

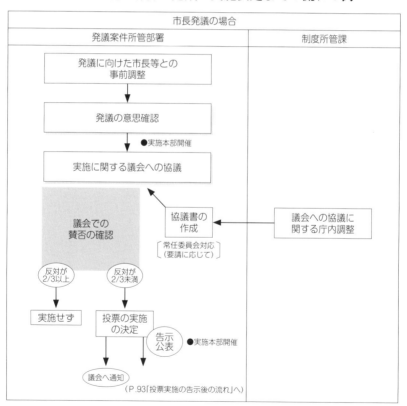

1．市長の発議意思～制度所管課への報告

　市長は発議案件所管部署に対して住民投票に向けた検討の指示を出します。

① 発議案件所管部署は、市長から発議の意向、検討指示を受けたときは、直ちに制度所管課に第一報を入れます。

② 制度所管課は選挙管理委員会事務局、議会局と調整して全体の想定スケジュールを作成し、庁内の情報共有に向けた準備を行います。

＜参考＞　この段階で情報共有が必要な部署の例

部署名	主な内容
総務企画局庶務課調査担当	議会への協議について
総務企画局市民情報室	報道対応等について
総務企画局法制課	公告式関係について
総務企画局行政改革室	執行体制について
総務企画局企画調整課	発議案件に関する施策情報について
財政局財政課	予算について
市の選挙管理委員会事務局	投開票事務について
議会局議事課	議会への協議について

※このほかにも、発議案件に関係する部署に情報提供をする必要があります。

2．発議案件の条例適合性の確認～発議の意思確認

　発議案件所管部署は、市全体の施策の総合的な調整等を行う部署（総務企画局等）とともに案件の施策情報を整理し、案件の条例適合性について確認します。制度所管課は、指導・助言を行います。その上で、発議案件所管部署が市長の発議意思を確認します。

3．住民投票実施本部の設置

　発議案件所管部署は、発議することが明確になった段階で、状況に応じて住民投票実施本部を設置します。また、関係局の部長・課長級による連絡会を設置し、詳細な打ち合わせを行います。

4．議会への協議
（1）議会への協議に係る調整と協議書の作成

　発議案件所管部署は、市長発議に基づく住民投票の実施について議会に協議を求める手続きを行います。

① 発議案件所管部署は担当部署と協議書の提出に係る日程等について調整します。

② 協議書を作成し、市長決裁の後、担当局長あてに協議の手続きを依頼します。

③ 必要に応じて記者会見を設定します。

＜参考＞ 協議書の提出の流れ

発議案件所管部署が議会への協議について起案

市長決裁（その後、必要に応じて記者会見を行う）

担当部署へ協議の手続きの依頼

担当部署が協議の伺い、市長決裁

⬇

協議書印刷

議会に対して協議書提出

（2）議会対応

　議会における具体的な議事運営は、議会の所管事項となります。本会議における住民投票の実施に関する賛否の確認方法についても議会運営委員会で協議の上、採決されます。発議案件所管部署は、議会への協議が委員会付託となる場合は、常任委員会への対応を行います。

■ 協議について
①「議会への協議」についての考え方

　「住民発議」の項（P.79）でも述べたとおり、間接民主制の趣旨から、直接民主制的な住民投票実施にあたっては、市長という機関と議会という機関が互いに協議して、調和を図ることとしています。協議の結果、在職議員のうち条例で定める議員の数以上の反対があった場合は、基本的に住民投票は実施されないこととなります。なお、この協議は地方自治法が規定する特別多数決（出席議員の3分の2以上）とは異なり、議案書と同じ形式で議会に提出しますが、本会議での意思決定である「議決」ではありません。

　議会による発議と同様、賛否の確認については、「出席議員」ではなく、賛否確認の日に欠席した議員も含めた「在職議員」を母数とし、議長も賛否の数に含まれます。

② 協議結果の通知

住民投票を実施する場合・しない場合のいずれの場合にも、議会から住民投票の実施について「所定数以上に達した旨」あるいは「所定数以上に達しなかった旨」の協議結果の通知が出されます。

５．実施の決定、告示、通知および公表

　発議案件所管部署は、議会局からの協議結果の通知を受けて、住民投票の実施（不実施）について決定の手続きを行います。

＜参考＞　住民投票の実施（不実施）の手続きの例

① 議会局から協議結果の通知書が送付される

② 速やかに実施（不実施）および告示についての起案を行う

③ 市長決裁の後、実施（不実施）の告示を行う

④ 市の選挙管理委員会への通知を行う

⑤ 住民投票の実施（不実施）について広く市民に周知するため、市内に「実施のお知らせ」の掲示を行う

⑥ 市のホームページ等でのお知らせも行う

＜参考＞　住民投票実施のお知らせ（市長発議の場合）⇒P.118

＜参考＞　住民投票不実施のお知らせ（市長発議の場合）⇒P.119

4　実施告示後の事務執行

【実施の告示から投開票までの事務執行について】
・実施の告示後の対応は、原則として発議案件所管部署が行います。
・制度所管課は、発議案件所管部署に対し条例に基づく制度運用に係る
　指導や助言を行います。
・住民投票の投開票に係る事務は、市長から市（および区）の選挙管理
　委員会に委任します。

＜参考＞ 投票実施の告示後の流れ（政令指定都市の例）

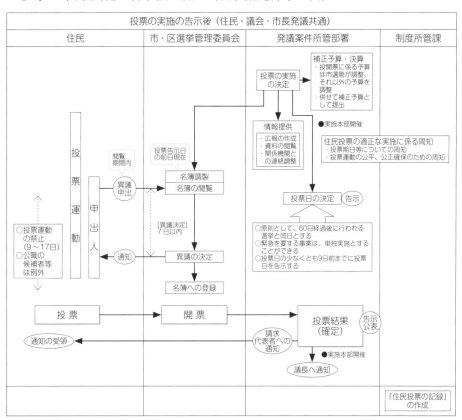

1．投票期日の告示

　住民投票は、条例で規定された期間内に行われることになっており、発議案件所管部署は、住民投票の期日を決定したときは、そのことを広く住民に知らしめる必要があり、条例で定められた期間内に期日を告示しなければなりません。

<参考>　決定、告示の際にすべきこと

① 選挙と同日実施の場合は、発議案件所管部署が市の選挙管理委員会と調整して投票期日を決定し、なるべく同日に行う選挙の期日の告示と併せて住民投票の投票期日の告示を行います。

② 住民投票の投票期日の告示をした旨を市の選挙管理委員会に通知するとともに、議会に報告します。

③ 住民投票実施本部を開催し、投票期日等について報告します。

※投票の期日の告示後、速やかに投票資格者に対して投票所入場券（投票所案内はがき）を送付します。同日実施の場合、選挙人に対して送付する投票所案内はがきに住民投票に関するお知らせを併記することになります。ただし、外国人の投票資格者に対しては周知事項が多いので封書で別途送付するのが適切でしょう。

2．住民投票に係る予算措置
（1）予算の事務取り扱いについて

　住民投票実施に係る予算要求に関する事務については、発議案件所管部署が主体となって行うことになりますが、署名審査および投開票に関する事務は、市の選挙管理委員会事務局が予算の見積もりを行います。

① 発議案件所管部署は、発議することが明確になった段階で実施に向けた予算措置について財政担当部署と協議します。

② 投開票に関する経費については、市の選挙管理委員会に積算を依

頼します。

③ 発議案件所管部署は、情報提供等に関する予算の積算を行い、市の選挙管理委員会事務局が積算した投開票に関する経費と合わせて「住民投票執行経費」として財政局に提出します。予算案の提出については、議会日程により取り扱いが異なるので、財政担当部署と十分に協議する必要があります。

④ 予算議案については財政担当局が議会に提出します。予算議案に係る総務委員会の対応も同局が行います。発議案件を所管する常任委員会によっては予算についても報告を求められる場合があるので、この場合は発議案件所管部署が対応します。

⑤ 議決後、配当された予算のうち、投開票に関する経費は選挙管理委員会事務局に配当替します。

（2）歳出予算科目について

住民投票に係る科目の設定については、各地方公共団体の判断で行います。新たな「目」は設けず、次のように対応してもよいでしょう。

＜参考＞ 費目の例

（款）01 総務費　（項）02 総務管理費　（目）01 総務管理費

（3）住民投票の実施関係経費について

　住民投票の実施関係経費についての積算は、概ね次のような経費ごとに行います。

●全体の経費（単位：千円）

同日実施の場合	住民発議	○○○○○千円
	議会・市長発議	○○○○千円
単独実施の場合	住民発議	○○○○○千円
	議会・市長発議	○○○○○千円

●実施の告示前経費（単位：千円）

経費	同日実施	単独実施	備考
署名審査経費	○○○○千円	○○○○千円	流用で対応

●実施の告示後経費（単位：千円）

経費	同日実施	単独実施
① 情報提供関係経費	○○○○千円	○○○○千円
② 投開票経費	○○○○千円	○○○○○千円
計	○○○○千円	○○○○○千円

① 情報提供関係経費の内訳 (単位：千円)

項目	同日実施	単独実施
住民投票公報発行経費	○○○千円	○○○○千円
・編集および印刷経費 (約○万部)	○○○千円	○○○千円
・公報配布用品 (ボックス等) 代	○○千円	○○○千円
・配布物の仕分けに係る委託料[※1]	○千円	○○千円
・配布謝礼[※2]	○○千円	○○千円
・配布依頼および礼状の郵送料[※3]	○○千円	○○○千円
市政だより特別号の発行および新聞折込料[※4]	○○○千円	○○○千円
専用ホームページの作成料	○○○千円	○○○千円
住民投票運動等に関するパンフレット作成料	○○○千円	○○○千円
フォーラム、公開討論会等の開催[※5]	○○○千円	○○○千円
その他経費(人件費、事務用品費、郵送費等)	○○○千円	○○○千円
合　計	○○○○千円	○○○○千円

※1 町内会等未加入世帯へのポスティングを含む。単独実施の場合の住民投票公報の配布については、町内会・自治会未加入世帯への配布漏れの課題があるので選挙管理委員会事務局と十分に協議すること
※2 同日実施の場合には、選挙公報と併せて配布することとなるが、単独実施の場合には住民投票公報のみの配布となる
※3 同日実施の場合は、配布依頼、礼状郵送は選挙と併せて行うことから不要となる
※4 編集、印刷、新聞折込、送達に関する委託料
※5 開催支援業務委託、会場使用料、ポスター、看板作製、保険料、会議録作成等

② 投開票経費内訳 (単位：千円) ※選挙に準じて積算。同日実施の場合は住民投票のための追加分

項目		同日実施	単独実施
人件費	投開票事務に関する報酬	○○○千円	○○○○千円
	投開票事務に関する職員手当	○○○○千円	○○○○千円
	投票事務に関する賃金	○○○○千円	○○○○千円
投開票事務に関する事務経費		○○○千円	○○○千円
投開票所に関する設備経費		○○○千円	○○○千円
投票案内はがき等の郵送料		○○○千円	○○○千円
合　計		○○○○千円	○○○○○千円

3．情報提供

　発議案件所管部署は、条例に基づき、住民（投票資格者）に対して住民投票の付議事項についてわかりやすく情報を整理し、閲覧に供するほか、ホームページなどで必要な情報提供を行います。また、制度所管課とともに住民投票の期日や住民投票のルールなどについての周知を行います。

＜参考＞ 情報提供の主な手法例

① 発議案件所管部署は、住民投票の実施に備えて事前に情報提供の内容、手法等について関係部署と十分に検討します。また、制度所管課は情報提供の手法について指導・助言を行います。

② 実施の告示日以降、区役所等の公共施設で付議事項に関する資料を閲覧できるようにするほか、市政だより（市公報）、市のホームページ等で情報提供を行います。

③ 投票期日のＰＲについては、市の選挙管理委員会事務局と調整します。

【注意点】

・情報提供にあたっては、中立性の保持に努めます。

・投票資格者に外国人が含まれる場合は、情報提供の方法に工夫が必要です。

・投票期日等については、選挙と同日実施の場合は、可能な限り選挙に関する広報と併せて行い、広く周知します。

（1）情報提供の基本的な考え方

　住民は住民投票運動やマスコミ報道などを通じて、住民投票に関

する様々な情報を得ることとなりますが、何よりも付議事項に関する多くの情報を保有しているのは市であり、市が積極的に情報提供を行うことは、付議事項に関する住民の理解を深める上で効果があります。

　また、市は様々な形態で情報を保有しているので、付議事項に関する情報をそのまま開示するだけでは、効果的に住民の理解を深めることができません。そこで市は、保有する情報を住民が容易に理解できるような形でわかりやすく整理し、情報提供を行います。

（2）情報提供の内容と時期

　情報提供には、次のような手法が考えられます。

＜参考＞ 情報提供の内容と時期

内容と手法／時期	情報提供の内容	周知の内容
内容と手法	・付議事項と趣旨 ・案件に関する施策等に関する詳細な情報	・投票期日 ・投票資格者 ・投票方法 ・住民投票運動のルールなど
	手法	
すぐ行うもの	・市政だより ・市のホームページ	情報提供と一緒に実施

実施の告示後なるべく速やかに行うもの	・市政だより特別号の発行① ・パンフレットの作成② ・専用ホームページの作成 ・付議事項に関する資料の閲覧（住民投票情報コーナーの設置等）③	情報提供と一緒に実施
中間の時期に行うもの	フォーラムや公開討論会の開催	情報提供として行うイベントにおいて周知
投票の期日の直前に行うもの	住民投票公報の発行④	情報提供と一緒に実施 住民投票街頭周知
投票の期日に行うもの	投票所内での掲示物	住民投票街頭周知

① 市政だより特別号の発行

　住民投票に係る案件に関連する施策等に関する情報提供のため、実施の告示日以降できるだけ早い時期に、市政だより特別号（広報特別号）を発行します。

＜参考＞ 市政だより特別号の内容例

○ 付議事項と趣旨

　実施の告示をした内容をそのまま公表します。

○ 付議事項に関連する施策等に関する情報

・施策等に対する市の考え方や位置づけ

・施策等の取組状況

・施策等が市民等へ及ぼす影響

・施策等に関する費用等

② パンフレットの作成

　各種イベント・行事の場における配布や主要ターミナル駅などでの配布を想定したもので、付議事項に関する施策等についてわかりやすく情報提供するために作成します。

＜参考＞ パンフレットの内容例
・付議事項と趣旨
・付議事項に関連する施策等に関する情報
・投票方法に関する情報

③ 付議事項に関する資料の閲覧

　案件に関して市が保有する情報を詳細かつ住民が容易に理解できるような形でわかりやすく整理し、効果的に住民投票に関する理解を深め、投票の判断に資するような資料を作成し、閲覧に供します。なお、投票資格者に外国人がいる場合は、漢字にルビをつけたものを作成します。

④ 住民投票公報の発行

　選挙と同日実施の場合は、実施期日の告示後速やかに住民投票公報を発行し、選挙公報と併せて配布依頼を行うことを想定しています。また、単独実施の場合は、投票期日の概ね2〜4週間前に発行します。

＜参考＞ 住民投票公報の内容例
・付議事項と趣旨
・付議事項に関連する施策等に関する情報
・投票方法等に関する情報

（3）討論会やフォーラム等の開催について

　付議事項の性質や投票運動の状況によっては、中立的かつ十分な情報提供に基づく投票が行われない可能性もあるため、必要に応じて付議事項に関する討論会やフォーラム等を開催することも検討します。

　ただし、運営方法によっては公平性を欠いているという批判を受けかねないので、市は賛成・反対の意見を平等に扱うなど、中立的な立場で開催する必要があります。

（4）外国人投票資格者に対する情報提供

　投票資格者に外国人が含まれる場合は、情報提供を行う際に、外国人に対する配慮が必要です。住民投票の案件に関する情報は施策に関する情報が中心であり、専門用語等が多く含まれることが想定されることから、閲覧資料については、一般的には外国語で作成するのではなく、ひらがなのルビ付きの日本語で作成するのが適切といえるでしょう（P.115〜P.119参照）。なお、必要に応じて外国語で作成することも妨げるものではありません。

■ 配布先の工夫
　投票資格者に対する情報提供は、市政だよりの配布ルート（例：町内会・自治会等による配布または新聞折込）や、選挙公報の配布

ルート（選挙との同日実施の場合）を用いて行いますが、投票資格者に外国人を含む場合は、外国人の投票資格者に対してもより確実に情報が届くよう、外国人市民情報コーナーを設置する施設（市民館、区民館など）に配置することに加え、市（区）役所の市（区）民課窓口や市内の外国人が集まる場所等の活用を検討します。

4．周知

　発議案件所管部署および制度所管課は、投票期日や投票方法、住民投票運動のルールなど、住民投票の適正な実施に係る周知や投票の呼びかけを行います。特に外国人を投票者に含む場合は、住民投票リーフレットを活用して投票期日などの周知に努め、日本人との間に情報格差が生じないようにします。

＜参考＞ 周知の内容例
・住民投票制度の趣旨
・投票資格
・投票期日、投票の時間および投票所
・期日前投票・不在者投票の期間、時間、場所
・投票の方法
・住民投票運動のルール

＜参考＞ 具体的な方法の例
・市政だより、ホームページでのお知らせ
・住民投票運動のルールについての周知のチラシ作成
・必要に応じて街頭ビジョン、懸垂幕、バスの車内広告、街頭での
　周知

※住民投票の投票期日のお知らせの内容や方法については、選挙と同日実施の場合には、市の選挙管理委員会事務局と協議して行います。ただし、例えば参議院議員通常選挙のように、国会の会期延長により選挙期日や公示日が直前まで決まらないこともあるので、慎重に行う必要があります。

5. 住民投票運動への対応

　住民投票運動は、様々な形態で行われることが想定されます。発議案件所管部署および制度所管課は、請求代表者との請求手続きの打ち合わせの際に住民投票運動について説明するとともに、住民投票運動の状況について情報収集し、チラシやポスターなどで住民投票のルールについて広報するようにします。

　また、様々な意見や苦情等が寄せられることを想定し、事前にQ＆Aを作成しておくなど、選挙管理委員会等と連携して対応の準備を進めておくことが適当です。

■ 住民投票運動について

　住民投票運動とは、付議事項に対し賛成または反対の投票をし、またはしないように勧誘する行為をいいます。

　住民投票が実施される際には、付議事項に対して賛成または反対の投票をし、またはしないように勧誘することを目的として、様々な形態で住民投票運動が行われます。ただし、現状で採用されている住民投票制度は法的拘束力のない諮問型であることから、条例に住民投票運動に関するルールを定めてはいても、それに違反した場合の罰則規定を設けないケースがほとんどです。したがって、ルール違反の住民投票運動が展開されてしまう可能性も想定できます。ルール違反を防ぎ、適正な住民投票運動が行われるようにルールの周知に努めることが重要です。また住民投票運動の態様によっては、公職選挙法に抵触することがあることにも注意する必要があります。

　なお、条例によっては選挙の告示日から当該選挙の期日までの間
は原則として住民投票運動は行えない旨を定めているケースもあり
ます。ただし、条例に基づく住民投票制度において、当該選挙の候
補者（候補者届出政党、衆議院名簿届出政党等および参議院名簿届
出政党等を含む）が行う選挙運動や「確認団体」が公職選挙法に基
づいて行う政治活動について規制することは、法の優位という原則
から適当ではないので、これらの選挙運動や政治活動が住民投票運
動にわたることを妨げないと考えられます。

＜参考＞ 条例で禁止されている住民投票運動の例

① 買収、脅迫その他不正の手段により住民の自由な意思を拘束し、
　または干渉する行為

　　金品や物品、供応接待などの買収、寄附などの特殊の直接利害
　関係を利用した投票の誘導、暴行や脅迫、偽名等による通信など
　による住民投票運動の妨害行動など、住民の自由な意思を拘束し、
　または干渉する行為を行うことはできません。

② 市民の平穏な生活環境を侵害する行為

　　早朝や深夜または大音量での賛成または反対を勧誘する行為な
　ど、市民の平穏な生活環境を侵害する行為は禁じられています。

③ 公職選挙法その他の選挙関連法令の規則に反する行為

　　条例上に罰則規定が設けられていない場合も、公職選挙法に抵
　触する行為には同法の罰則が適用されるおそれがあります。

＜参考例＞

◎住民投票実施請求書

第○号様式

年　　月　　日

（あて先）○○市長

住民投票実施請求書

○○市住民投票条例第○条第○項の規定により、住民投票の実施を請求します。

1　請求事項

_____について賛成又は反対を問う住民投票

2　請求代表者

住　　　所	氏　名・印

3　請求の趣旨（1,000字以内で記載すること。）

◎住民投票実施請求代表者証明書交付申請書

第○号様式

年　　月　　日

（あて先）○○市長

住民投票実施請求代表者証明書交付申請書

住民投票実施請求代表者証明書交付申請書

住　　所	氏　名・印	生年月日

　○○市住民投票条例第○条第○項の規定により、住民投票実施請求書を添えて、

＿＿＿＿＿＿＿＿＿＿＿＿＿＿＿＿＿＿＿について賛成又は反対を問う住民投票の住

民投票実施請求代表者証明書の交付を申請します。

◎住民投票実施請求代表者証明書

第○号様式

年　　月　　日

住民投票実施請求代表者証明書

　次の者は、＿＿＿＿＿＿＿＿＿＿＿＿＿＿＿について賛成又は反対を問う

住民投票の実施請求代表者であることを証明します。

住　　所	氏　　名

○○市長　　　　印

◎住民投票実施請求者署名簿（表紙）

第○号様式（１）
　（表紙）

年　　　月　　　日

住民投票実施請求者署名簿

_____について賛成又は反対を問う住民投票

（　　　　区）第　　　号

この署名簿は、当該区以外で使うことはできません。

◎住民投票実施請求者署名簿

第○号様式（2）

有効無効の印	番号	署名年月日	住所	生年月日	氏名	印	代筆をした場合（身体の故障又は文盲により署名簿に署名することができないときのみ代筆を行うことができます。）				備考
							代筆者の住所	代筆者の生年月日	代筆者の氏名	代筆者の印	
		年月日	○○市区	年月日			○○市区	年月日			
		年月日	○○市区	年月日			○○市区	年月日			
		年月日	○○市区	年月日			○○市区	年月日			
		年月日	○○市区	年月日			○○市区	年月日			
		年月日	○○市区	年月日			○○市区	年月日			

注　署名審査の終了後、○○市住民投票条例第○条第○項の規定により、この署名簿の縦覧を行います。

◎住民投票実施請求署名収集証明書

第○号様式

年　　月　　日

住民投票実施請求署名収集証明書

　住民投票実施請求書に添えて提出する_____につ

いて賛成又は反対を問う住民投票実施請求者署名簿には、○○市住民投票条例第○条

第○項の規定により、_____年_____月_____日付けで告示された投票資格者の総

数の１０分の１（_____人）により有効署名があることを証明します。

住民投票実施請求代表者

氏　　名　・　印

◎請求代表者あて通知文（実施する場合）

〇〇何〇〇第〇〇号
令和〇〇年〇〇月〇〇日

請求代表者　　様

〇〇市長　〇　〇　〇　〇　　印

住民投票の実施について（通知）

　〇〇市住民投票条例第〇条第〇項の規定に基づき令和〇〇年〇〇月〇〇日付けをもって請求のあった〇〇〇〇について賛成又は反対を問う住民投票の実施に関し、同条例第〇条の規定により議会に協議した結果、議会の議員の３分の２以上の者の反対に達しなかったため、同条例第〇条第〇項の規定により、住民投票の実施について通知します。
　なお、令和〇〇年〇〇月〇〇日付けをもって告示を行いましたので、参考までに写しを添付します。

１　実施する住民投票
　　〇〇〇〇について賛成又は反対を問う住民投票

２　実施予定期日
　　〇〇月〇〇日から６０日を経過した日後初めて行われる市の区域の全部をその実施区域に含む選挙の期日と同じ期日

（〇〇局〇〇部〇〇課〇〇担当）
住所　〇〇〇〇
電話　〇〇〇－〇〇〇－〇〇〇〇

●発議案件部署が市長事務部局以外の場合の担当の記載
担当：〇〇局〇〇〇〇〇（※制度所管課）
（事務担当：〇〇〇〇〇〇〇〇〇〇）

◎請求代表者あて通知文（実施しない場合）

〇〇何〇〇第〇〇号

令和〇〇年〇〇月〇〇日

請求代表者　様

〇〇市長　〇　〇　〇　〇　　印

住民投票の実施について（通知）

　〇〇市住民投票条例第〇条第〇項の規定に基づき令和〇〇年〇〇月〇〇日付けをもって請求のあった〇〇〇〇について賛成又は反対を問う住民投票の実施に関し、同条例第〇条の規定により議会に協議した結果、議会の議員の3分の2以上の者の反対に達したため、同条例第〇条第〇項の規定により、住民投票を実施しないこととなりましたので通知します。

　なお、令和〇〇年〇〇月〇〇日付けをもって告示を行いましたので、参考までに写しを添付します。

（〇〇局〇〇部〇〇課〇〇担当）

住所　〇〇〇〇

電話　〇〇〇－〇〇〇－〇〇〇〇

●発議案件部署が市長事務部局以外の場合の担当の記載

担当：〇〇局〇〇〇〇〇（※制度所管課）

（事務担当：〇〇〇〇〇〇〇〇〇）

113

◎市選挙管理委員会委員長あて通知文

〇〇何〇〇第〇〇号
令和〇〇年〇〇月〇〇日

〇〇市選挙管理委員会委員長　様

〇　〇　市　長　　印

　　　〇〇〇〇について賛成又は反対を問う住民投票の実施について（通知）

　〇〇市住民投票条例第〇条第〇項の規定に基づき、令和〇〇年〇〇月〇〇日付けをもって請求のあった住民投票の実施について、同条例第〇条第〇項の規定により、〇〇月〇〇日付け〇〇市告示第〇〇号をもって実施（実施しない旨）の告示を行いましたので通知します。

1　付議事項
　〇〇〇〇について賛成又は反対を問う住民投票

2　趣旨
　〇〇〇〇（実施請求書に記載された内容）

（〇〇局〇〇部〇〇課〇〇担当）
内線　〇〇〇〇〇

●発議案件部署が市長事務部局以外の場合の担当の記載
担当：〇〇局〇〇〇〇〇（※制度所管課）
（事務担当：〇〇〇〇〇〇〇〇〇）

◎住民投票実施のお知らせ（住民発議の場合）

住民投票の実施のお知らせ

　○○市住民投票条例の規定に基づき、令和○○年○○月○○日付けで請求のあった住民投票の実施について、次のとおりお知らせします。

1　実施する住民投票
　　○○○○について賛成又は反対を問う住民投票

2　発議形態
　　住民発議

3　収集した署名者数
　　○○○○人

●お知らせ文のルビふりについて
投票資格者に外国人が含まれる場合、
お知らせにルビをふります。

4　議会への協議の結果
　　議会の議員の3分の2の反対に達しなかった

5　住民投票の実施予定期日
　　○月○○日から60日を経過した日後初めて行われる市の区域の全部をその実施区域に含む選挙の期日と同じ日

※　住民投票の詳しい内容及び住民投票の期日につきましては、今後、市政だより、ホームページ等でお知らせします。

問い合わせ先
（○○局○○部○○課）
TEL：000－000－0000
FAX：000－000－0000
ホームページ　http://www.city.○○○○○○.jp/○○○○

●発議案件部署が市長事務部局以外の場合の担当の記載
担当：○○局○○○○○（※制度所管課）
（事務担当：○○○○○○○○○）

115

◎住民投票不実施のお知らせ（住民発議の場合）

住民投票に関するお知らせ

　○○市住民投票条例の規定に基づき、令和○○年○○月○○日付けで請求のあった住民投票については、次のとおり実施しないことをお知らせします。

1　請求事項
　　○○○○について賛成又は反対を問う住民投票

2　発議形態
　　住民発議

3　収　集した署名者数
　　○○○○人

●お知らせ文のルビふりについて
投票資格者に外国人が含まれる場合、
お知らせにルビをふります。

4　実施しない理由
　　議会への協議の結果、議会の議員の3分の2の反対に達したため

問い合わせ先
（○○局○○部○○課）

TEL：000－000－0000

FAX：000－000－0000

ホームページ　http://www.city.○○○○○○.jp/○○○○

●発議案件部署が市長事務部局以外の場合の担当の記載
担当：○○局○○○○○（※制度所管課）
（事務担当：○○○○○○○○○）

116

◎住民投票実施のお知らせ（議会発議の場合）

住民投票の実施のお知らせ

　〇〇市住民投票条例の規定に基づき、令和〇〇年〇〇月〇〇日招集の令和〇〇年第〇回〇〇市議会定例会に提案された「住民投票の実施の請求について」は、令和〇〇年〇〇月〇〇日に可決されましたので、住民投票を実施することをお知らせします。

1　実施する住民投票
　〇〇〇〇について賛成又は反対を問う住民投票

2　発議形態
　議会発議

●お知らせ文のルビふりについて
投票資格者に外国人が含まれる場合、
お知らせにルビをふります。

3　実施予定期日
　〇月〇〇日から６０日を経過した日後初めて行われる市の区域の全部をその実施区域に含む選挙の期日と同じ日

※　住民投票の詳しい内容及び住民投票の期日につきましては、今後、市政だより、ホームページ等でお知らせします。

問い合わせ先
（〇〇局〇〇部〇〇課）
TEL：000－000－0000
FAX：000－000－0000
ホームページ　http://www.city.〇〇〇〇〇〇.jp/〇〇〇〇

●発議案件部署が市長事務部局以外の場合の担当の記載
担当：〇〇局〇〇〇〇〇（※制度所管課）
（事務担当：〇〇〇〇〇〇〇〇〇〇）

◎住民投票実施のお知らせ（市長発議の場合）

住民投票の実施のお知らせ

　○○市住民投票条例の規定に基づき、令和○○年○○月○○日付で発議した住民投票の実施について、次のとおりお知らせします。

1　実施する住民投票
　　○○○○について賛成又は反対を問う住民投票

2　発議形態
　　市長発議

3　議会への協議の結果
　　議会の議員の３分の２の反対に達しなかった

●お知らせ文のルビふりについて
　投票資格者に外国人が含まれる場合、
　お知らせにルビをふります。

4　住民投票の実施予定期日
　　○月○○日から６０日を経過した日後初めて行われる市の区域の全部をその実施区域に含む選挙の期日と同じ日

※　住民投票の詳しい内容及び住民投票の期日につきましては、今後、市政だより、ホームページ等でお知らせします。

　問い合わせ先
　（○○局○○部○○課）

　TEL：000－000－0000

　FAX：000－000－0000
　ホームページ　http://www.city.○○○○○○.jp/○○○○

●発議案件部署が市長事務部局以外の場合の担当の記載
　担当：○○局○○○○○（※制度所管課）
　（事務担当：○○○○○○○○○）

118

◎住民投票不実施のお知らせ（市長発議の場合）

住民投票に関するお知らせ

　○○市住民投票条例の規定に基づき、令和○○年○○月○○日付けで発議した住民投票については、次のとおり実施しないことをお知らせします。

1　付議事項
　　○○○○について賛成又は反対を問う住民投票

2　発議形態
　　市長発議

3　実施しない理由
　　議会への協議の結果、議会の議員の３分の２の反対に達したため

●お知らせ文のルビふりについて
　投票資格者に外国人が含まれる場合、
　お知らせにルビをふります。

問い合わせ先
（○○局○○部○○課）

TEL：000－000－0000

FAX：000－000－0000

ホームページ　http://www.city.○○○○○○.jp/○○○○

●発議案件部署が市長事務部局以外の場合の担当の記載
　担当：○○局○○○○○（※制度所管課）
　（事務担当：○○○○○○○○○）

第4章

住民投票制度の運用 ②
投票資格者名簿の調製
～「住民投票の記録」の作成

1 投票

　本章では前章に引き続き、**常設型住民投票制度を採用している政令指定都市の条例**をもとに、住民投票制度の運用例（投票資格者名簿の調整～住民投票の記録）をご紹介します。常設型住民投票制度の運用にあたっての参考としてください。

（1）投票資格者名簿の調製
① 投票資格者名簿

　選挙管理委員会は、投票資格者の範囲を確定し、投票人が正当な投票資格者であるかについて確認するための投票資格者名簿を、投票区ごとに調製しなければなりません。投票資格者名簿は、投票日の告示日の前日を基準日（年齢については、住民投票の投票日）として投票資格者を登録した名簿であり、投票資格者の氏名、住所、性別、生年月日等を記載します。投票資格者名簿への登録は、住民基本台帳の記録を利用し、職権により調製することとしているため、投票資格者からの登録申請など、特段の手続きを必要としません。

② 投票資格者名簿と選挙人名簿

　選挙との同日実施の場合、日本国籍を有する満18歳以上の者については、事務の効率や投票事務の適正執行などの点を考慮し、原則、選挙の投票所と同一の場所で住民投票の投票を行うこととされています。そのため、選挙と住民投票に係る名簿対照事務を併せて行うことにより、事務の効率化が図れるよう、選挙人名簿を住民投票に係る投票資格者名簿に代えることができることとされています。

③ 投票資格者名簿の抄本の閲覧

　選挙管理委員会は、（1）により投票資格者名簿の調製をしたとき
は、規則で定める期間、投票資格者（投票資格者名簿に登録された
者に限る）からの申出に応じ、規則で定めるところにより、投票資
格者名簿の抄本（当該申出を行った投票資格者が記載された部分に
限る）を閲覧させなければなりません。閲覧の日時と場所について
は、条例で定める日までに区選挙管理委員会が告示することとされ
ています。

④ 異議の申出への対応

　区選挙管理委員会は、投票資格者名簿の登録に関して異議の申出
を受けたときは、条例で定める期間内に、その異議に対する決定を
行わなければなりません。

・申出を正当と決定した場合
　➡異議の申出に係る者を投票資格者名簿に登録、または抹消し、
　　その旨を申出人および関係人に通知
・申出を正当でないと決定した場合
　➡その旨を申出人に通知

※「関係人」とは、投票資格者名簿の登録に関し、不服の対象とされた者を指します。請求代表者が複数人の異
　議の申出をまとめて行う場合などは、請求代表者以外の者が関係人となります。

⑤ 補正登録

　区選挙管理委員会が自ら行った調査や投票資格者本人からの申出
などにより、本来、投票資格者名簿に登録されるべき者が登録され
ていないことを区選挙管理委員会が知った場合には、速やかにその
者を投票資格者名簿に補正登録します。

（2）投票区および投票所

① 投票区

投票区とは投票を行う単位区域のことをいい、条例に基づいて設けることとされています。住民投票が選挙と同日に実施される場合は、公職選挙法第17条の規定により告示された投票区と同一の投票区となります。選挙権を有しない者は、原則、選挙の投票所へ入場できないとする公職選挙法第58条の制約があることから、選挙との同日実施の場合には、投票資格者の選挙権の有無により、投票区および投票所をそれぞれ別に設けることとしています。一方、住民投票が単独で実施される場合も、選挙により告示された投票区と同一の投票区としますが、この場合は、公職選挙法第58条の制約はないので、投票資格者の選挙権の有無により投票区や投票所を分ける必要はありません。

なお、外国人投票資格者の投票区については、住民投票を単独執行する場合には、当該外国人資格者が住所を有する投票区とします。

② 投票所

区選挙管理委員会の指定する場所に投票所を置くこととし、条例の定める日までに区選挙管理委員会が告示することとします。選挙との同日実施の場合、実施経費の節減、事務の効率化などを図るために、日本国籍を有する満18歳以上の投票資格者については、原則、選挙と住民投票の投票所を同一の場所としますが、投票所のスペースなどの問題により同一の場所とすることが難しい場合には、選挙の投票所とは別に住民投票の投票所を設置することもできます。

投票の時間は、通常の場合、選挙と同じく午前7時（期日前投票

については午前8時30分）から午後8時までとします。

　なお、投票所には付議事項・趣旨のいずれか（または両方）を掲示します。なお、選挙と住民投票を同日実施する場合で、同じ投票所を使用している場合は、同日実施される選挙の候補者氏名や政党名が表示されたり、類推されたりするような事項が内容に含まれないように十分注意しなければなりません。

（3）投票管理者および投票立会人

　区選挙管理委員会は、規則の定めるところにより住民投票の投票所に投票管理者および投票立会人を置かなければなりません。

① 投票管理者

　投票管理者は、投票に関する事務を行うことを担任しており、具体的な事務としては、投票用紙の交付、代理投票の許容、投票人の確認および投票拒否の決定、仮投票の許容、投票録の作成、投票箱の開票管理者への送致、投票所の秩序維持等があります。

　投票管理者は、投票資格者の中から区選挙管理委員会が選任することとなっていますが、選挙との同日実施の場合に、選挙と住民投票を同一の場所で実施する投票所については、事務の効率性、経費節減などを図るために、選挙の投票管理者を併せて住民投票の投票管理者に選任することができます。

② 投票立会人

　投票立会人は、投票事務の執行に立ち会い、これが公正に行われるよう監視すること等を任務としており、具体的には、投票手続き

の立ち会い、投票管理者が行う投票・代理投票の拒否等に際しての意見陳述、投票箱の送致の立会等を行います。投票立会人は、投票資格者の中から、本人の承諾を得て区選挙管理委員会が所定の人数を選任することになっています。ただし、選挙との同日実施の場合には、投票管理者と同様の理由により、選挙の投票立会人を住民投票の投票立会人に選任することができます。なお、投票立会人は正当な理由なしに、その職を辞することはできません。

（4）投票資格者名簿の登録と投票

　投票資格者が投票を行うためには、条例の規定を満たす投票資格者であるとともに、投票資格者名簿に登録されていることが必要であり、投票資格者名簿に登録されていない者は投票できません。なお、「投票資格者名簿に登録されていない者」とは、全く投票資格者名簿に記載されていない者のことを指し、投票資格者名簿に記載されている氏名や住所等が明らかに誤記と認められるような場合は、これに該当しません。

　投票資格者名簿に登録された者であっても、投票資格者名簿に登録されるべき者でないとき、すなわち、誤載者は投票できません。なお、ここでいう「誤載者」とは、投票資格者名簿調製の際に、年齢要件、住所要件を満たしていない者を誤って登録した場合など、投票資格者名簿の登録要件を具備していないにもかかわらず、誤って投票資格者名簿に登録された者を指します。

　また、適法に投票資格者名簿に登録されていても、投票の当日に投票資格を有しない者（投票資格者名簿に登録されていても、投票の当日に市の区域外に転出している者など）は投票ができません。

（5）投票の方法

① 投票の原則

　住民投票の投票は、付議事項ごとに、投票人1人1票に限られています。また、不在者投票の場合を除き、原則として、①投票期日（投票期日に一定の事由が見込まれる期日前投票を含む）の当日に投票しなければならないこと、②本人が自ら投票所に行って投票しなければならないこと、③投票資格者名簿またはその抄本との対照を経て投票をしなければならないこととなっており、委任投票、代理人投票などは認められません。この原則に対し、不在者投票は自己の属する投票区ではなく、投票期日に一定の事由が見込まれる場合、不在者投票管理者の管理する記載場所において、また、一定の範囲の重度身体障害者については、郵便等投票の手続きに従って、その現在する場所において投票することができます。

② 投票の記載および投函の方法

　投票人は、投票人の自由な意思に基づき、付議事項に賛成するときは投票用紙に印刷された「賛成」の文字を囲んで○の記号を自書し、付議事項に反対するときは投票用紙に印刷された「反対」の文字を囲んで○の記号を自書し、これを投票箱に入れます。なお、投票用紙に投票人の氏名を記載することはできません。

＜参考＞投票用紙の例

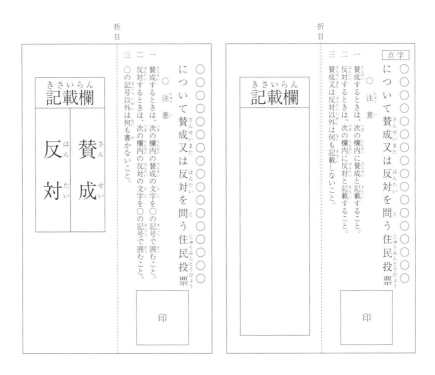

（6）期日前投票等

① 期日前投票

　住民投票の当日に、公職選挙法第48条の2の第1項各号に掲げる事由のいずれかに該当すると見込まれる投票人は、期日前投票を行うことができます。この場合、投票人は、該当事由を申立て、かつ、申立てが真正であることを誓う旨の宣誓書を提出しなければなりません。

＜参考＞ 公職選挙法第48条の2第1項

第四十八条の二　選挙の当日に次の各号に掲げる事由のいずれかに該
　当すると見込まれる選挙人の投票については、第四十四条第一項の規
　定にかかわらず、当該選挙の期日の公示又は告示があつた日の翌日か
　ら選挙の期日の前日までの間、期日前投票所において、行わせること
　ができる。
　一　職務若しくは業務又は総務省令で定める用務に従事すること。
　二　用務（前号の総務省令で定めるものを除く。）又は事故のためそ
　　の属する投票区の区域外に旅行又は滞在をすること。
　三　疾病、負傷、妊娠、老衰若しくは身体の障害のため若しくは産褥
　　にあるため歩行が困難であること又は刑事施設、労役場、監置場、
　　少年院、少年鑑別所若しくは婦人補導院に収容されていること。
　四　交通至難の島その他の地で総務省令で定める地域に居住してい
　　ること又は当該地域に滞在をすること。
　五　その属する投票区のある市町村の区域外の住所に居住しているこ
　　と。
　六　天災又は悪天候により投票所に到達することが困難であること。

② 不在者投票

　以下の投票人については、不在者投票を行うことができます。

■ 施設等※に入院または入所している投票人

　不在者投票管理者を通じて、投票人名簿登録地の区選挙管理委員
会の委員長に対し、投票用紙および投票用の封筒の交付を請求でき
ます。なお、投票人が、直接、区選挙管理委員会の委員長に対し、投
票用紙および投票用の封筒の交付を請求することも可能です。不在
者投票管理者の管理する場所において投票用紙に記載し、不在者投
票用封筒に入れて不在者投票管理者に提出する方法により投票を行
います。

※「施設等」とは、公職選挙法施行令第 55 条第 2 項に規定する施設のうち、住民投票が行われる市の区域内
　に所在し、当該施設の長が不在者投票管理者となることを承諾した施設を指します。

■ 住民投票期日には投票権を有することとなるが、期日前投票を行おうとする日にはまだ選挙権を有しない者

投票日当日には満18歳になるものの期日前投票期間（投票日の告示日の翌日から投票日の前日までの間）には満18歳に満たない投票人は、期日前投票ができないため、例外的に選挙管理委員会において不在者投票をすることができます。

■ 所定の重度の障害のある投票人

身体障害者手帳など障害の程度を証明できる書類を添付して、選挙管理委員会の委員長に対し、投票用紙、投票用の封筒および郵送用の封筒を請求することができます。そして、不在者投票管理者のいない投票人の自宅等現在する場所において投票人が投票用紙に記載し、これを郵便等によって区選挙管理委員会の委員長あてに送付する方法で投票を行うことができます。前述の障害に重複して上肢または視覚について一定の重さの障害がある投票人については、代理記載の制度もあります。

③ 点字投票

目の不自由な投票資格者の投票機会を確保するため、本人から投票管理者に申立てることにより、点字投票を行うことができます。投票人から点字投票の申出があった場合には、投票管理者は市選挙管理委員会の定める様式の点字用の投票用紙を交付します。点字用の投票用紙には、点字により、付議事項に賛成のときは投票用紙に「賛成」と、反対のときは投票用紙に「反対」と記載することとしています。

④ 代理投票

　投票人が身体の故障等により、自ら投票用紙に記載することができない場合には、本人から投票管理者への申請により、その投票人に代わって投票の補助者が投票用紙に記載する代理投票の方法が認められています。代理投票の申請があった場合には、投票管理者は、投票立会人の意見を聴いて、投票人の投票を補助すべき者2人を補助すべき者とされた本人の承諾を得て定め、その1人に投票人の指示する内容を記載させ、もう1人を立ち会わせなければなりません。

(7) 投票の秘密の保持

　選挙における場合と同様、住民投票においても、何人も賛成または反対のいずれに投票したかを述べる義務はありません。

2　開票

(1) 開票区および開票所

　開票区とは、投票箱を開いて投票を点検し、投票の有効無効を決定する単位となる区域のことで、住民投票の開票区は選挙の際の開票区に準じて設けることになっています。

　開票所では、区域内の各投票所から集められた投票箱を開いて投票の点検が行われます。1開票区に1開票所を置くことを原則とし、区選挙管理委員会が指定した場所に開票所を設けますが、選挙と同日に住民投票を実施するときは、開票事務の公正性や効率性、経済性などを考慮し、特別の事情がない限り、開票は選挙の開票所と同

一の場所で行います。

　投票人は、開票の参観を求めることができます。しかし、同日実施の場合には、原則として選挙と住民投票の開票を同一の場所で行うため、選挙権を有していない者は公職選挙法の規定により開票所に入場ができず、参観もできないこととなります。

（2）開票管理者および開票立会人

　区選挙管理委員会は、規則で定めるところにより、各開票所に開票管理者および開票立会人を置かなければなりません。

① 開票管理者

　区選挙管理員会は当該住民投票の投票資格者の中から、開票管理者を選任します。開票管理者は、開票に係る事務全般を担当し、具体的には開票立会人の補充選任、仮投票や不在者投票に係る受理・不受理の決定、投票の点検、開票録の作成などを行います。

　選挙と住民投票の同日実施の場合、同一の開票所で両方の開票を行うことを原則としていますが、開票管理者の職務の適正執行の確保のため、選挙と住民投票の開票管理者は別々に選任されることになっています。

② 開票立会人

　区選挙管理委員会は当該住民投票の投票資格者の中から、本人の承諾を得て条例で定める数の開票立会人を選任します。開票立会人は、開票に関する事務を監視するとともに、開票管理者を補助して、開票に関する事務に参画し、その公正な執行を確保することを職務

とします。

　なお、選挙との同日実施の場合において、同一人を選挙と住民投票の開票立会人に選任し、それぞれ開票に立ち会わせることは、開票作業を遅延させるなど、公正かつ適正な執行を阻害するおそれがあるため、開票管理者と同様、別々に選任することとされています。

(3) 投票の効力

　開票管理者は、開票立会人の意見を聴き、投票の効力（投票の有効、無効）を決定しなければなりません。原則として、投票用紙の記載は、投票用紙にあらかじめ印刷された「賛成」または「反対」の文字を〇で囲む方法で行うこととされています。しかし、住民投票は、住民の意思を直接確認することを目的とした重要な参加の制度であることから、投票を行った住民の意思が明白であると認められる場合には、条例で定める無効事由に該当しない限りは、有効な投票として取り扱うこととしています。例えば、投票用紙に印刷された「反対」の文字を×の記号や二重線その他の記号を記載することにより抹消した投票は「賛成」の投票として、逆に投票用紙に印刷された「賛成」の文字を×の記号、二重線その他の記号を記載することにより抹消した投票は「反対」の投票として、それぞれ有効とします。

<参考> 有効投票の例

・原則的な記載方法

賛成　　　　　　反対

・許容される記載方法

賛成　　　　　　~~反対~~

賛成　　　　　　反対

（4）無効投票

　次のいずれかに該当する投票は、原則的には無効とされます。ただし、②については前述のとおり、投票の意思が明白である場合は有効な投票として取り扱うこととされることもあります。

① 所定の用紙を用いないもの

② ○の記号以外の事項を記載したもの

③ ○の記号を自書しないもの（代理投票を除く）

④ 賛成の文字を囲んだ○の記号および反対の文字を囲んだ○の記号をともに記載したもの

⑤ 賛成の文字または反対の文字のどちらを囲んで○の記号を記載したか確認し難いもの

　なお、点字投票の場合も次のいずれかに該当する投票は、無効とされます。

① 点字用の投票用紙を用いないもの

② 賛成または反対以外の事項を記載したもの

③ 賛成または反対を自書しないもの

④ 賛成および反対をともに記載したもの

⑤ 賛成または反対のいずれを記載したのか確認し難いもの

(5) 投票の結果

　各開票所の開票管理者は投票の点検が終わり次第、開票録等によりその結果について区選挙管理委員会の委員長に報告しなければなりません。区選挙管理委員会からの報告を受けて市選挙管理委員会の委員長は、全開票区の報告を集約し、市長へ報告します。

　市長は投票の結果が判明次第、住民投票の実施者として、その結果を広く住民に知らしめるために、速やかに賛成および反対の投票の数などを告示し、投票結果を尊重するとされている議会の議長、住民発議の場合には請求代表者に対して、投票の結果を通知しなければなりません。また、市のホームページへの掲載、報道機関への情報提供など、住民投票の結果に関する公表を行います。

<参考> 投票結果の公表までの流れ（政令指定都市の例）

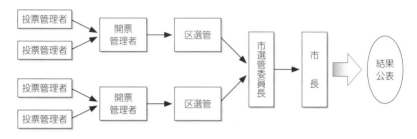

（6）投票結果の尊重

　議会および市長は、住民投票の結果を尊重しなくてはなりません。「尊重」とは、単に投票結果を参考とすることにとどまらず、投票結果を慎重に検討し、これに十分な考慮を払いながら、議会と市長が意思決定を行っていくことを指します。このため、議会と市長は、それぞれの意思決定について、住民に対する十分かつ明確な説明責任を果たす必要があると考えられます。

　住民投票の結果は、本来、誰もが尊重すべきものですが、議会・市長と住民とではその責任の重さが異なり、また、住民投票は、議会と市長の意思決定にその投票結果を反映させるために行うものであることから、投票結果を尊重すべきとされているのは議会と市長であり、住民に対する尊重義務は規定されていません。

（7）「住民投票の記録」の作成等

　制度所管課は、当該住民投票に関する一連の流れ等を含め、投開票事務の結果について「住民投票の記録」を作成します。発議案件所管部署は、住民投票実施に係る決算事務等の処理を行います。

第 5 章

条例に基づく住民投票の実施事例

※地方公共団体の名称は住民投票実施当時のもの

CASE 1　新潟県巻町「巻町における原子力発電所の建設について」

巻町における原子力発電所建設についての住民投票に関する条例
（平成7年7月19日巻町条例第23号）（失効）／巻町における原子力発
電所建設についての住民投票に関する条例の一部を改正する条例
（平成7年10月4日巻町条例第24号）（失効）

争点：東北電力が巻町に原子力発電所を建設することの是非

投票日：平成8年8月4日

発議：住民発議

投票率：88.3％

投票結果：建設反対

得票率：賛成38.8％、反対61.2％

結果への対応：建設計画中断、原発建設断念

【住民投票実施の経緯】

年　　月		主なできごと
昭和57年	1月	東北電力が「原子炉設置許可申請書」を通産省（当時）に提出
平成 6年	10月	「巻原発・住民投票を実行する会」発足
	11月	反原発6団体による連合体「住民投票で巻原発をとめる連絡会」結成
	12月	「原発設置に関する町民投票に関する条例案（議員提案）」を否決
7年	1・2月	町民による自主管理住民投票の実施（15日間） ・原発推進派によるボイコット運動（町も体育館の投票所利用を拒否） ・投票率：45.4％ ・投票総数：10,378票 　（賛成：474票、反対：9,854票）

7年	4月	町議会議員選挙で住民投票実施派が多数を占めたが、公約を取り消す議員の出現により、原発推進派が多数を占めることに
	6月	「原発設置に関する町民投票条例案（議員提案）」を11対10で可決
	10月	条例改正の直接請求を議会が可決。「住民投票は町長が議会の同意を得て実施するものとする」に変更。町長が住民投票に否定的であったため、事実上、住民投票は不可能になった
	11月	10,231人（必要法定署名数：7,612人）の署名により町長をリコール
8年	1月	出直し町長選挙が行われ、住民投票実施派（反原発派）候補が当選
	5月	推進・反対双方の代表者による「原発建設問題に関する町民シンポジウム」開催
	8月	住民投票実施（8月4日） 投票率：88.3％ 投票総数：20,503票 （賛成：7,904票、反対：12,478票）
11年	8月	原発建設予定地内の町有地を町民に売却

【特記事項】

・条例に基づいて行われた日本初の住民投票

・条例に基づく住民投票の前に、町民による自主管理住民投票が実施された

・町民シンポジウム等を通じた町民への情報提供、情報共有が行われた

・原発建設推進派の町長がリコールにより辞職し、出直し選挙で住民投票を発議した団体の代表者が当選した

CASE 2 岐阜県御嵩町「御嵩町における産業廃棄物処理施設の設置について」

御嵩町における産業廃棄物処理施設の設置についての住民投票に関する条例（平成9年1月21日 御嵩町条例第1号）

争点：町内の小和沢地区への産業廃棄物処理施設（総面積40ha、最終200ha）の設置の是非

投票日：平成9年6月22日

発議：住民発議

投票率：87.5%

投票結果：建設反対

得票率：賛成19.1%、反対80.9%

結果への対応：白紙撤回、計画は中断された

【住民投票実施の経緯】

年　月		主なできごと
平成8年	1月	町長が県に対し、「御嵩町産業廃棄物処分場への疑問と懸念」と題する文書を提出
	10月	町長が自宅前で暴漢の襲撃を受ける
	11月	・町長の後援会や環境市民グループらによる「条例制定推進委員会」発足 ・署名活動開始 ・住民投票の条例制定請求　署名数：1,511人（必要な法定署名数303人）
9年	1月	・「御嵩町における産業廃棄物処理施設の設置についての住民投票に関する条例案」を12対5で可決。6か月以内に住民投票を行うことが定められた ・「条例制定推進委員会」を「住民投票を成功させる会」に改称

9年	5月	・町内に3か月以上在住した外国人に投票権を認めることを盛り込んだ住民投票条例の改正を求める直接請求を、議会が否決 ・産廃建設を推進したい岐阜県が、当初案を改善した「調整試案」を町に提示。県職員が産廃賛成派の説明会で配布した ・「住民投票を成功させる会」を「小和沢産廃に反対する町民の会」に改称、町民の間での議論が一層活発に
	6月	住民投票実施（6月22日） 投票率：87.5％ 投票総数：13,023票 （賛成：2,442票、反対：10,373票）
	7月	町内に住む外国籍の住民が、投票権が与えられなかったとして、町に損害賠償と謝罪を求めて提訴
10年	6月	岐阜地裁が、投票資格を認めるか否かは町の裁量であるとして外国籍住民の訴えを棄却
14年	2月	名古屋高裁が外国籍住民の控訴を棄却

【特記事項】

・町長への襲撃事件を機に住民投票への関心が高まり、短期間で実施に至った

・住民投票実施後に、定住外国人への投票権を巡る訴訟が発生した

・産業廃棄物処理施設設置を推進したい県と反対する町の対立が投票運動に影響を及ぼした

CASE 3 沖縄県名護市「名護市における米軍のヘリポート基地建設について」

名護市における米軍のヘリポート基地建設の是非を問う市民投票に関する条例（平成9年10月6日 名護市条例第31号）

争点：米軍の沖縄普天間基地返還に伴う代替施設として名護市辺野古地区に海上ヘリポートを建設することの是非

投票日：平成9年12月21日

発議：住民発議

投票率：82.5％

投票結果：建設反対

得票率：賛成8.3％、条件付き賛成37.9％、反対52.6％、条件付き反対1.2％

結果への対応：市長が建設受け入れを表明。当初案は中断され、代替施設が建設されることとなった

【住民投票実施の経緯】

年　　月		主なできごと
平成8年	7月	名護市長（当時）が実行委員長になり、「名護市域への代替ヘリポート基地建設反対市民総決起集会」を開催
9年	4月	名護市長が「住民の了解があればヘリポート建設の事前調査を受け入れたい」と表明
	6月	「ヘリポート基地建設の是非を問う名護市民投票推進協議会」結成
	7月	署名収集開始
	9月	住民投票の条例制定請求　署名数：19,734人（有権者の52.1％相当）

9年	10月	住民投票条例案を17対11で修正可決 ・賛否の二者択一から、下記四択の選択肢に修正 ①賛成 ②環境対策や経済効果が期待できるので賛成 ③反対 ④環境対策や経済効果が期待できないので反対 住民投票実施日を議会が可決
	12月	住民投票実施（12月21日） 投票率：82.5% 投票総数：31,477票 （賛成：2,564票、条件付き賛成：11,705票、 反対：16,254票、条件付き反対：385票） 投票日3日後に市長が首相と会談し、「ヘリ基地建設 の受け入れ」を表明、その翌々日に辞任
10年	2月	市長選挙執行⇒建設推進派の候補が当選

【特記事項】

・国の安全保障政策に関わる基地問題が争点

・条例の原案では「賛成」「反対」二者択一であったが、議会がこれを修正し、原案の二択に「環境対策や経済効果が期待できるので賛成」「環境対策や経済効果が期待できないので反対」を加えた四者択一とした

・投票直後に市長がヘリ基地受け入れを表明し、辞任した

CASE 4 宮城県白石市「産業廃棄物処理施設の設置について」

白石市における産業廃棄物処分場設置についての住民投票に関する
条例（平成10年4月13日 白石市条例第13号）

争点：上戸沢地区における産業廃棄物最終処分場（総面積194ha）
　　　の建設の是非

投票日：平成10年6月14日

発議：市長発議

投票率：71.0％

投票結果：設置反対

得票率：賛成3.8％、反対96.2％

結果への対応：県が計画の撤回を要請し、設置されなかった

【住民投票実施の経緯】

年　　月		主なできごと
平成5年	6月	白石市自治会連合会が市民17,708人の署名を添えて、白石市長、宮城県知事に建築反対の陳情書を提出
	7月	市内13団体が結束し「上戸沢地区産業廃棄物最終処分場建設反対期成同盟会」が発足、設立集会を開催
	10月	宮城県が産廃処分場の計画業者からの設置計画申請書の受理を拒否、業者が「不作為の違法確認」を求めて県を提訴
6年	10月	行政手続法施行を受けて、業者側が上記訴訟を取り下げ、ほぼ同一内容の申請を新たに行った。県は申請書の受理を拒否
7年	11月	業者が県を提訴

10年	1月	・仙台地裁で県が実質敗訴の判決、県は控訴 ・「上戸沢産廃処分場建設反対期成同盟会」による反対運動が活発化
	4月	「白石市における産業廃棄物処分場設置についての住民投票に関する条例案（市長提案）」を可決
	6月	住民投票実施（6月14日） 投票率：71.0％ 投票総数：22,803票 （賛成：859票、反対21,535票）
	8月	計画業者が賠償請求を求めて県と市を提訴
	10月	計画業者が謝罪広告を求めて市等を提訴
11年	3月	仙台高裁が宮城県敗訴とする判決、県は4月に上告を断念
12年	12月	・白石市議会、産業廃棄物処分場建設に反対する決議を全会一致で可決 ・宮城県、処分場の設置許可申請書に不備があるとして計画業者に補正を求める
13年	10月	宮城県、計画業者が提出した補正書類に不許可処分
14年	7月	計画業者が不許可処分取り消しを求めて県を提訴
15年	2月	計画業者が賠償請求と謝罪広告を求めた訴訟で、最高裁が業者側の上告を棄却、市の勝訴が確定

【特記事項】

・住民投票の結果を尊重する県（建設の許可権者）や市に対して、計画業者からの提訴が相次いだ事例

CASE 5 山口県岩国市「米空母艦載機移駐案受け入れについて」

岩国市住民投票条例（平成16年3月16日 岩国市条例第2号）（失効）

争点：米軍岩国基地への米空母艦載機移駐案の受け入れの是非

投票日：平成18年3月12日

発議：市長発議

投票率：58.7％

投票結果：移駐案受け入れ反対多数

得票率：賛成11.0％、反対89.0％

結果への対応：住民投票後も移駐計画は進み、平成30年に移駐が完了

【住民投票実施の経緯】

年　　月		主なできごと
平成8年		岩国基地滑走路沖合移設事業に着手
16年	3月	岩国市住民投票条例（常設型条例）制定、10月に施行
	7月	在日米軍再編の審議官級協議で、米側が米海軍厚木基地の機能を岩国に移転する案を提案した旨の報道
17年	6月	・市議会が全会一致で「米海軍厚木基地機能の岩国移転に反対する要望決議」採択 ・岩国商工会議所がNLP（夜間離着陸訓練）専用滑走路の新設などを条件に移駐容認を決議 ・市民団体などが約6万人分の移駐反対署名を市長に提出
	10月	在日米軍再編計画の「中間報告」を公表。厚木基地の艦載機57機の岩国基地移駐案が盛り込まれた
	11月	市長が外務大臣、防衛庁（当時）長官等に上記再編計画の「最終報告」に地元意見を反映するよう要請
18年	1～2月	基地周辺地区で在日米軍再編問題に関する説明会（計5回）を開催

18年	2月	市長が「米空母艦載機の岩国基地への移駐案受け入れの賛否について」を住民投票に付する旨の「岩国市住民投票実施発議書」を提出
	3月	・住民投票実施（3月12日） 投票率：58.7% 投票総数：49,681票 （賛成：5,369票、反対：43,433票） ・市長が上京し、国に再度移駐案の撤回を求める要請（3月16日） ・合併により新「岩国市」誕生、岩国市住民投票条例が失効（3月20日）
	4月	・合併後初となる市長選挙が行われ、住民投票を発議した前市長が当選

【特記事項】

・周辺7町村との合併により新市が誕生する数日前に住民投票が実施された

・住民投票の1か月後に市長選挙を控えていたことから、現職市長による住民投票発議は「選挙の事前運動にあたる」と問題視し、住民投票に反対する市民グループがボイコット運動を展開した

CASE 6 徳島県徳島市「吉野川可動堰建設計画について」

吉野川可動堰建設計画の賛否を問う徳島市住民投票条例（平成11年6月30日 徳島市条例第30号）（失効）

争点：吉野川中流域にある第十堰を取り壊して、治水目的の可動堰を新たに設置することについての是非

投票日：平成12年1月23日

発議：議会発議

投票率：55.0％

投票結果：建設反対

得票率：賛成8.4％、反対91.6％

結果への対応：住民投票後に、それまで建設計画促進の姿勢をとっていた市長が反対派に回り、計画は白紙撤回となった

【住民投票実施の経緯】

年　　月		主なできごと
平成9年	9月	市議会が「可動堰建設推進の意見書」を可決
10年	9月	「第十堰住民投票の会」発足
	11月	署名収集開始 ・受任者5,000人以上獲得、市内に約250か所の署名スポットを設置
11年	1月	住民投票の条例制定請求 ・署名数：101,535人（有権者の48.8％に相当） 条例案を議会へ付議 ・市長は条例制定への反対意見を表明
	2月	臨時議会開催、住民投票条例案を16対22で否決 （隣接する藍住町でも同様の条例案否決）
	3月	市議会議員選挙 ・住民投票を目指す「住民投票を実現する市民ネットワーク」の議員3人が当選

11年	6月	住民投票条例案を22対16で可決 (議員提案)
	12月	住民投票実施日を議会が可決
12年	1月	住民投票実施 (1月23日) 投票率：55.0％ 投票総数：113,989票 (賛成：9,367票　反対：102,759票)
	9月	第十堰可動化計画の「促進意見書」について、市議会は、撤回を求める請願と陳情を賛成多数で採択

【特記事項】

・病院やスーパーなど市内の約250か所に署名スポットを設置し、効率的な署名収集活動が行われた

・直接請求による条例案が議会で否決された後に、市議会議員選挙を挟んで、議員提案により条例が可決した

・条例で「投票率50％以上」の成立要件が課されたため、推進派は、投票棄権を呼びかけるボイコット運動を展開。その結果、投票の90％以上が反対票という結果になった

CASE 7 新潟県刈羽村「柏崎刈羽原発プルサーマル計画の受け入れについて」

柏崎刈羽原子力発電所におけるプルサーマル計画受け入れの是非に関する住民投票条例（平成13年4月25日 刈羽村条例第7号）（失効）

争点：東京電力柏崎刈羽原子力発電所におけるプルサーマル計画受け入れの是非

投票日：平成13年5月27日

発議：住民発議

投票率：88.1%

投票結果：導入反対

得票率：賛成42.7%、反対53.6%、保留3.7%

結果への対応：県知事、柏崎市長、刈羽村長が協議し、プルサーマルの開発の事前了解を取り消した

【住民投票実施の経緯】

年　月		主なできごと
平成9年	1月	高速増殖炉実証炉「もんじゅ」のナトリウム漏れ事故（平成7年12月）を受けて、資源エネルギー庁が「プルサーマル計画を地域住民の理解を得て行う」と発表
	7月	「プルサーマルを考える柏崎刈羽市民ネットワーク」発足
	11月	刈羽村で「住民投票を実現する会」発足
11年	1月	署名活動開始（柏崎市の「住民投票を実現する会」も同時に開始）
	2月	住民投票の条例制定請求（署名数：1,354人）
	3月	「柏崎原発におけるプルサーマル計画導入の是非を問う住民投票条例案」を否決

12年	12月	「柏崎原発におけるプルサーマル計画導入の是非を問う住民投票条例案」（議員提案）を可決するも、計画容認派である村長が再議権を行使
13年	1月	・再審議の結果、「柏崎原発におけるプルサーマル計画導入の是非を問う住民投票条例案」を否決 ・村議らが「私たちの声を村政に届ける会」を結成し、署名活動開始
	3月	住民投票の条例制定請求　署名数：1,599人（有権者の約38%）
	4月	「柏崎原発におけるプルサーマル計画導入の是非を問う住民投票条例案」を村議会が9対7で可決
	5月	住民投票実施（5月27日） 投票率：88.1% 投票総数：3,605票 （賛成：1,533票、反対：1,925票、保留：131票）
	7月	新潟県知事、柏崎市長、刈羽村長の三者会談開催

【特記事項】

・村長と議会の対立の末に実施された

・計画反対派の議員が中心になって、直接請求のための署名活動を実施

CASE 8 埼玉県上尾市「さいたま市との合併の是非について」

上尾市がさいたま市と合併することの可否を住民投票に付するための住民投票条例（平成13年5月31日上尾市条例第23号）（失効）

争点：上尾市とさいたま市との合併の是非（さいたま市からの合併意向確認に対して）

投票日：平成13年7月29日　※参議院議員通常選挙と同日

発議：住民発議

投票率：64.5%

投票結果：合併反対

得票率：賛成41.7%、反対58.3%

結果への対応：合併協議辞退

【住民投票実施の経緯】

年　　月		主なできごと
平成11年	7月	「浦和市・大宮市・与野市合併推進協議会」において、「新市成立後、新市は上尾市・伊奈町の意向を確認の上、速やかに合併協議を行うものとし、2年以内を目標に政令指定都市を実現する」ことを確認
12年	5月	「上尾市合併・政令指定都市問題等市民懇談会」が発足
13年	2月	青年会議所のメンバーを中心として「住民投票を実現する会」が発足
	5月	浦和市・大宮市・与野市が合併し、さいたま市が発足
		「上尾市がさいたま市と合併することの可否を住民投票に付するための条例」の制定を求める直接請求 ・署名数：10,344人（有権者の6.1%に相当）
		市議会臨時議会で条例案を修正可決 ・市長は合併反対、住民投票反対の意見書を提出

13年		・合併反対の市長が市職員約1,000人を動員し、「市役所が遠くなる」「行政サービス低下が心配」などと記載したパンフレットを全世帯に配布 ・賛成／反対両派が時間を決めて交互に主張を述べる「ジョイントミーティング」を市内2か所で開催（計800人が参加） ・市が計176回の出前講座を開催
	7月	住民投票実施（7月29日） ※参議院議員通常選挙と同日実施 投票率：64.5％ 投票総数：108,523票 （賛成：44,700票、　反対：62,382票）
	8月	市長がさいたま市に対して合併協議辞退を伝える

【特記事項】

・参議院議員通常選挙と同日実施された住民投票

・市町村合併を争点とした日本初の住民投票

・賛成／反対両派の討論会や出前講座など積極的な情報提供が行われた

CASE 9 大阪府高石市「堺市との合併の是非について」

高石市が堺市と合併することについて市民の意思を問う住民投票条例（平成14年9月27日 高石市条例第14号）（失効）

争点：堺市と高石市が合併することの是非

投票日：平成15年4月27日　※市長・市議会議員選挙と同日

発議：市長発議

投票率：72.6％

投票結果：合併反対

得票率：賛成18.1％、合併はやむを得ない7.6％、反対74.3％

結果への対応：合併協議打ち切り

【住民投票実施の経緯】

年　　月		主なできごと
平成14年	4月	合併問題に関する共同研究を進めるため「堺市・高石市合併問題研究協議会」を設立
	9月	「高石市が堺市と合併することについて市民の意思を問う住民投票条例（市長提案）」を全会一致で可決 ・同市に3か月以上住む永住外国人に投票資格を付与（有資格者は当時280人） ・「投票資格者の過半数の投票」とする成立要件を設定 ・「合併問題報告書」「比較調査票」を全市民、全職員に配布 ・区域ごとに住民説明会を開催（市内全52自治会） ・広報紙合併特集号を配布（6回） ⇒「このままでは財政再建団体に転落し、公共サービスの大幅カットや市民負担の増大は避けられず、それを回避するために合併が必要」という合併賛成論をキャンペーンする内容であった

15年	3月	・投票率のアップ、発議から住民投票までの説明等に要する期間を勘案して、市長選挙・市議会議員選挙と同日に住民投票を行うことを決定 ・選択肢は「合併に賛成」「合併はやむを得ない」「合併に反対」の3択に
	4月	住民投票実施（4月27日） ※市長・市議会議員選挙と同日実施 ※永住外国人のための投票所を一般投票所とは別に設置 投票率：72.6％ 投票総数：34,817票 （賛成：6,255票、合併はやむを得ない：2,617票、反対：25,514票）
	7月	市長が「堺市・高石市合併問題研究協議会」を解散し、堺市に合併協議の打ち切りを正式通告する旨、市議会に報告

【特記事項】

・市長および市議会議員選挙と同日実施された住民投票

・永住外国人に投票資格を授与し、専用投票所を市内に1か所設置した

長野県佐久市「佐久市総合文化会館の建設について」

佐久市総合文化会館の建設の賛否を問う住民投票条例（平成22年9月10日 佐久市条例第32号）（失効）

争点：佐久市総合文化会館の建設の是非

投票日：平成22年11月14日

発議：市長発議

投票率：54.9％

投票結果：建設反対

得票率：賛成28.9％、反対71.1％

結果への対応：建設中止、取得済みの用地は別の用途に活用

【住民投票実施の経緯】

年　月		主なできごと
平成19年	3月	「佐久市総合文化会館早期建設促進を願う会」の陳情書を市議会が採択
	8月	市内文化団体対象の懇親会を5地区で開催
	12月	「建設計画中間報告」をテーマに全市民対象の地区懇談会をのべ20会場で開催
20年	3月	「佐久市総合文化会館基本構想・基本計画」策定
21年	1月	市がJR佐久平駅近くの土地を取得。取得費約30億1,900万円
	3月	市が佐久市文化会館に係る「基本設計」を策定
	4月	市長選挙が行われ、中立派の候補が当選
	8月	基本設計市民説明会を5会場で開催
	11月	市内既存施設で開催公演の観客対象にのべ6会場でアンケートを実施
22年	1月	市長が記者会見で「総合文化会館建設の是非を住民投票で問う」意向を表明
	2月	「建設を願う会」が賛成署名活動を開始、対象は周辺市町村を含む16歳以上の住民

22年	5月	「文化会館の建設に反対する会」が共同声明を発表、連名者の呼びかけを開始。「文化会館を考える会」反対署名活動を開始
	7月	・市長が議会全員協議会で「住民投票制度（案）、条例（素案）」を説明 ・〜8月「住民投票条例（素案）」のパブリックコメントを実施
	8月	2日間（8月31日、9月1日）の臨時議会へ「投票条例（案）」提出、修正可決
	9月	〜11月、市民説明会を実施、のべ23会場
	10月	賛否を問う市民討論会開催（2回目は11月に開催）
	11月	・住民投票実施（11月14日） 　投票率：54.9％ 　投票総数：43,904票 　（賛成：12,638票、反対：31,051票） ・投票結果を受けて市長が建設中止を表明（11月14日夜）
	12月	計画予定地に公園「市民交流ひろば」を整備する代替案を議会に提案

【特記事項】

・巨額の負担を伴う公共工事が住民投票によって中止に至った事例

CASE 11 山口県山陽小野田市「市議会議員の定数を20人以下とすることについて」

山陽小野田市住民投票条例（平成18年3月29日 山陽小野田市条例第7号）

争点：山陽小野田市の市議会議員の定数を現行の24人から20人以下に削減することの是非

投票日：平成25年4月7日 ※市長選挙と同日実施

発議：住民発議

投票率：45.5%

投票結果：投票率が規定を満たさなかったため開票されなかった

得票率：賛成―、反対―（開票に至らなかったため、不明）

結果への対応：市議会特別委員会で継続審議の結果、議員定数は削減せず、「当分の間は22とすること」とされた

【住民投票実施の経緯】

年　　月		主なできごと
平成24年	5月	市民団体「ふるさとを考える会」が市議会議員の定数を現行の24から20に減らすよう議長あてに請願書を提出
	10月	「ふるさとを考える会」が有効署名（4,486人）を添え、議員定数を20に減らす条例改正案を市長に直接請求。市長は条例改正案を市議会に提出し、議会が議員定数に関する特別委員会を設置。市議会本会議で条例案が賛成多数で「継続審査」となる
25年	1月	・市議会特別委員会が市民に削減の是非を聞く意見交換会を開始 ・「ふるさとを考える会」が議員定数を20人以下に削減することの賛否を問う住民投票の実施を求め、12,879人の署名を選挙管理委員会に提出

25年	2月	・住民投票に反対する市民団体「議会改革を応援する市民の会」が住民投票を告示しないよう市長に要望書を提出 ・市議会が継続審査としていた条例改正案を賛成少数で否決 ・「ふるさとを考える会」が住民投票の実施を市長に直接請求 ・市長が住民投票の実施を告示
	3月	・市の選挙管理委員会が住民投票を市長選挙と同日実施にすることを決定、告示 ・市議会が定数などを検討する「議会機能向上特別委員会」を設置
	4月	住民投票実施（4月7日） 投票率：45.5% 投票総数：23,892人 ※投票率が条例で定める成立要件（50%）を満たさなかったため、開票されなかった
	8月	市議会の「議会機能向上特別委員会」が定数は24に据え置きつつ、「当分の間」は2減の22とすることを決定
	10月	市議会議員選挙を実施、議員定数は22で争われた

【特記事項】

・住民投票は実施されたものの、投票率が条例で定める成立要件を満たさなかったため、開票されなかった事例

・議員定数は議会が判断すべきであり、住民投票に付すべきテーマではないという立場の市民グループによる反対運動が行われた

CASE 12　東京都小平市「小平都市計画道路3・2・8号府中所沢線計画について」

東京都の小平都市計画道路3・2・8号府中所沢線計画について住民の意思を問う住民投票条例（平成25年4月16日 小平市条例第13号）（失効）

争点：小平市に「都市計画道路3・2・8号府中所沢線」を建設することの是非

投票日：平成25年5月26日

発議：住民発議

投票率：35.2％

投票結果：投票率が規定を満たさなかったため開票されなかった

得票率：賛成―、反対―（開票に至らなかったため、不明）

結果への対応：建設計画続行

【住民投票実施の経緯】

年　　月		主なできごと
昭和38年	8月	都道府中所沢線の小平市部分が都市計画決定される
平成22年	2月	都が道幅を36メートルに広げる計画変更素案について説明会を開催
24年	11月	道路拡幅を盛り込んだ都市計画変更を都の都市計画審議会が承認
	12月	計画見直しを求める市民団体「小平都市計画道路に住民の意思を反映させる会」（以下、反映させる会）が住民投票に必要な署名集めを開始
25年	2月	「反映させる会」が必要数の約2.5倍にあたる7,183人の署名を添えて、住民投票条例制定を市長に直接請求

25年	3月	・市長が「都全体の道路網整備に対して言及することは適当ではない」との意見を付して、住民投票条例案を市議会3月定例会に提出 ・住民投票条例特別委員会が住民投票の実施期日について修正した上で採決を取り、賛成多数で可決 ・市議会本議会で条例案（修正）を可決
	4月	・住民投票条例の公布・施行 ・「投票率50％未満なら住民投票は成立せず、開票を行わない」旨の成立要件を加えた改正案を臨時会で可決
	5月	・住民投票実施（5月26日） 投票率：35.2％、投票総数：51,010人 ※投票率が条例で定める成立要件（50％）を満たさなかったので開票されなかった ・「反映させる会」が記者会見し、全投票用紙の公表を請求（5月27日）、市長は応じない考えを示した
	8月	不成立となった住民投票の投票結果を市が開示しないのは市民の「知る権利」の侵害だとして「反映させる会」が市の選挙管理委員会を提訴⇒平成27年10月に最高裁で不開示適法が確定した

【特記事項】

・都内で行われた初の条例に基づく住民投票

・成立要件を満たさず開票されなかった投票結果の開示を求め、市民グループが市の選挙管理委員会を提訴した

CASE 13 　埼玉県北本市「北本市における新駅の建設について」

北本市における新駅建設の賛否を問う住民投票条例（平成25年9月27日 北本市条例第24号）（失効）

争点：JR高崎線桶川駅－北本駅間に新駅を建設することの是非

投票日：平成25年12月15日

発議：市長発議

投票率：62.3％

投票結果：建設反対

得票率：賛成23.8％、反対76.2％

結果への対応：建設計画中止

【住民投票実施の経緯】

年　　　月		主なできごと
昭和61年	12月	市議会が「新駅設置に対する請願」を採択
平成10年	9月	市が「高崎線桶川・北本間新駅設置基本構想」を策定
15年	3月	市が「北本市南部地域整備基金」を設置
16年	7月	「高崎線桶川・北本間新駅設置促進期成会」（会長：北本市長）を結成、JR東日本への要望を実施
21年	9月	市議会が「新駅設置促進を求める決議」を全会派一致で可決。総事業費は約72億円
25年	7月	JR東日本から「新駅設置の正式協議に向けた要望書の提出ができる環境が整った」との回答
	9月	市長が市議会に新駅設置の賛否を問う住民投票条例を提案、賛成16、反対3で可決された。同時に議会で新駅設置について改めて決議が行われ、賛成12、反対7という結果となったこれらを受けて、反対派の議員や市民らによる反対運動が本格化し、ビラの配布や街宣車による呼びかけ、反対集会が行われた。一方、設置を推進する期成会も決起大会を行い、ビラの配布等活動を展開した

25年	11月	市が新駅設置についての住民説明会をのべ9回実施、計755人が参加した
	12月	住民投票実施（12月15日） 投票率：62.3% 投票総数：35,322票 （賛成：8,353票、反対：26,804票）
		市長が新駅建設計画の白紙撤回を表明（12月16日）

【特記事項】

・首長自らが住民投票を発議し、結果として建設計画の白紙撤回に至った事例

・投票結果が議会の多数意思と逆になったため、「間接民主主義の否定ではないか」という声も聞かれた

CASE 14 埼玉県所沢市「防音校舎の除湿工事（冷房工事）の計画的な実施について」

防音校舎の除湿工事（冷房工事）の計画的な実施に関する住民投票条例（平成26年12月26日 所沢市条例第67号）（失効）

争点：航空自衛隊の基地周辺にあり、防音対策が施されているために窓が開けづらい状態にある所沢市立小中学校（全29校）にエアコンを取り付けることの是非

投票日：平成27年2月15日

発議：住民発議

投票率：31.5％

投票結果：賛成多数

得票率：賛成65.5％、反対34.5％

結果への対応：すべての市立小中学校にエアコンを設置

【住民投票実施の経緯】

年　　　月		主なできごと
平成18年	2月	所沢市が基地に近い3校にエアコンを先行設置することを決定
24年	3月	市長が福島第一原子力発電所の事故を受けて「電力消費を減らすべき」と主張し、エアコン設置の中止を決定
26年	9月	エアコンを設置しないのは教育権の侵害だとして、市民らが市長に住民投票条例制定代表者証明書の交付を申請。交付後、請求代表者らが署名収集を開始
	10月	請求代表者らが市の選挙管理委員会に8,430人の有効署名を提出

26年	11月	・請求代表者らが市長に署名簿を添えて住民投票条例制定を市長に直接請求 ・市長が「防音校舎の除湿工事（冷房工事）の計画的な実施に関する住民投票条例案」を市議会定例会に提出 ・市議会議場において条例制定請求代表者2人が意見陳述
	12月	・市議会が総務常任委員会の審査を経て条例案を修正可決。「多い意見の方が有権者数の3分の1（92,750人）以上であれば、市長や議会は結果の重みを斟酌しなければならない」とする旨が盛り込まれた
27年	2月	・住民投票の期日を告示（2月8日） ・住民投票実施（2月15日） 投票率31.5% 投票総数：87,763票 （賛成：56,921票、反対：30,047票）
	4月	市長がエアコン設置中止の方針を転換し、市内の一部の市立小中学校にエアコンを設置することを表明

【特記事項】

・「多い意見」＝賛成票が有権者の3分の1（92,750人）未満であったため、条例で定められた「結果の重みを斟酌する義務」は生じなかったが、市長は賛成票が反対票を上回った結果を受け止め、設置中止を撤回した

CASE 15 　兵庫県篠山市「市名変更について」

篠山市住民投票条例 (平成25年12月24日 篠山市条例第32号)
　※現在は丹波篠山市住民投票条例

争点：篠山市の市名を「丹波篠山市」にすることについての是非

投票日：平成30年11月18日

発議：住民発議

投票率：69.8％

投票結果：市名変更賛成

得票率：賛成56.5％、反対43.5％

結果への対応：令和元年5月1日に市名を篠山市から丹波篠山市に
　　　　　　　変更

【住民投票実施の経緯】

年　　月		主なできごと
平成20年	6月	市議会一般質問で市名変更が議題に
26年	3月	市民も交えた「篠山市の市名を考える検討委員会」が財政再建などを理由に「市名変更を検討すべき時期ではない」と報告
29年	2月	商工会等が市名変更の要望書提出 (翌年1月までに12団体が同様の要望書を提出)
	5月	市が「丹波」「丹波篠山」の混乱事例を集約。行政の変更経費 (6,550万円) を試算
	7月	変更要望団体などを中心にした「市民の会」が発足。賛成の署名収集を開始
	9月	市名変更に関する意見交換会世話人会が「反対」の要望書提出
	10月	「反対」の立場を取る市民グループ「市名変更問題駆け込み処」が発足
	12月	「市名変更に」と匿名で市に1億円の寄附

30年	4月	・市が市名変更した場合の経済効果を52億円以上と発表 ・市が賛成・反対・中立の立場の人による意見交換会を開催
	5月	「市名変更問題駆け込み処」が住民投票を求める要望書を市長に提出
	7月	住民団体「市名の名付け親になろう会」(以下、なろう会)が発足。住民投票の実施請求を目指し、署名活動を始めると発表
	8月	市が「2019年の改元に合わせて丹波篠山市に変更すると意思決定した」と発表
	9月	「なろう会」、署名が1万人を突破した旨を発表。市選挙管理委員会に提出
	10月	・署名数が条例の規定を超える10,271筆で確定。「なろう会」が市長に住民投票の実施を請求 ・市長が市民に信を問うとして16日付で辞職、出直し選挙への立候補を表明
	11月	住民投票実施(11月18日)　※市長選挙と同日執行 投票率：69.8% 投票総数：24,428票 (賛成：13,646票、反対：10,518票) ※市長選挙では市名変更賛成派の前職が当選
令和元年	5月	丹波篠山市に市名変更

【特記事項】

・市長辞職に伴う出直し市長選挙と同日執行された

・市名変更に係る議論が始まって10年後に住民投票に至った

住民投票制度の手引　条例の制定から運用まで

無 断 禁 転	令和2年9月28日発行

一般社団法人　選挙制度実務研究会　編

発 行 人／中 島 孝 司

発　　　行／株式会社 国政情報センター

〒150-0044　東京都渋谷区円山町5−4道玄坂ビル

電　話　03−3476−4111

FAX　03−3476−4842

振替口座　00150−1−24932

定　価　2,800円(本体価格)＋税　乱丁・落丁本はお取替えいたします。

ISBN978-4-87760-318-2 C3031 ￥2800E